Educar con disciplina positiva

Educar con disciplina positiva

Amor, límites y resiliencia
para una crianza feliz

Francisco Castaño

Prólogo de Javier Urra

Plataforma
Editorial

Primera edición en esta colección: agosto de 2025

© Francisco Castaño, 2025
© del prólogo, Javier Urra, 2025
© de la presente edición: Plataforma Editorial, 2025

Plataforma Editorial
c/ Muntaner, 269, entlo. 1.ª – 08021 Barcelona
Tel.: (+34) 93 494 79 99
www.plataformaeditorial.com
info@plataformaeditorial.com

Depósito legal: B 10520-2025
ISBN: 979-13-87813-05-5
IBIC: JN

Printed in Spain – Impreso en España

Diseño de cubierta:
Pilar Eme

Fotocomposición y realización de cubierta:
Grafime Digital S. L.

El papel que se ha utilizado para imprimir este libro proviene
de explotaciones forestales controladas, donde se respetan
los valores ecológicos, sociales y el desarrollo sostenible del bosque.

Impresión:
Romanyà Valls
Capellades (Barcelona)

Índice |

Prólogo
Padres proveedores de deseos

El libro que tenéis en vuestras manos está lleno de frases, de ideas, de conocimientos.

Es un libro que derrocha criterio educativo.

Encontraréis en su lectura dilemas, como el dolor y la nada. También aclaraciones pertinentes, como la que diferencia temperamento de carácter y de personalidad.

Me gusta cómo el autor define, aclara, toma partido. La lectura es fácil, grata. Las citas, certeras. Fran nos regala unos apuntes clave que sintetizan las ideas-fuerza y propician ser absorbidas, consolidadas.

Muy importantes los matices: no es lo mismo consecuencia que castigo.

El libro firmado por Castaño se enriquece de muy buenas citas, pero aún más de experiencias vividas.

Dice nuestro autor que hay que ser creíbles ante nuestros hijos, y es cierto.

Se le nota experiencia también como escritor.

Se agradece la claridad expositiva, que nace desde una mente estructurada y pedagógica.

Os contaré que he subrayado bastante y tomado buena nota.

Veréis que el índice ya invita, es sugerente, inclusivo, atractivo, estimulante. El contenido no defrauda.

Dejadme que desvele un titular: «Las nuevas tecnologías, el sonajero del siglo XXI».

El libro incluye cuestionarios, recuadros y nos pone al día sobre «las redes que enredan».

Una obra con contenido proteínico, una obra que merece la pena ser publicada y leída.

JAVIER URRA,
psicólogo forense de la Fiscalía
del Tribunal Superior de Justicia de Menores

Principios básicos de la disciplina positiva

- Ser amable y firme a la vez.
- Principio de conexión: necesidad de pertenencia.
- Efectos de largo plazo.
- Enseña habilidades para la vida.
- Invita a descubrir las propias capacidades.

Introducción |

¿Qué queremos para nuestros hijos? En el pasado la respuesta era clara: que fueran personas de provecho. Hoy, en cambio, la sociedad ha cambiado y la prioridad es que sean felices a toda costa. Pero ¿estamos persiguiendo la felicidad real o una versión distorsionada? La verdadera calidad de vida no radica en acumular o desear lo inalcanzable, sino en aprender a disfrutar plenamente de lo que ya tenemos, como profundizaremos más adelante. Sin embargo, tendemos a generar en nuestros hijos unas expectativas y, en caso de sobreprotección, cuando llegan a la adolescencia y ven que no es así, se dan de bruces con la realidad. Los padres, cuando facilitamos tanto, podemos quitarles las herramientas que ellos necesitan para poder evolucionar como personas. En vez de preparar a nuestros hijos para la vida, preparamos la vida para nuestros hijos. Lo que hacemos es ir acomodando su vida hasta que ya no podemos hacerlo más y ellos acaban por no saber adaptarse.

Antes teníamos una educación muy autoritaria. Nuestros padres tenían solamente una preocupación: que nos comportáramos bien. Se trabajaba mucho en la conducta y se olvidaban en apariencia de las emociones. Tampoco creo que las dejasen de lado: si mis padres me veían triste o enfadado me preguntaban, aunque sí es cierto que hay personas que han tenido una educación mucho más autoritaria en la que las emociones no contaban.

La educación que recibimos marca, de forma consciente o inconsciente, la manera en que educamos a nuestras hijas e hijos. Puede ocurrir que hayamos recibido una educación muy autoritaria que rechazamos y ahora tendamos a ser más laxos. También puede suceder el otro caso: si estamos contentos con la educación que recibimos, educaremos del mismo modo. Hemos de tener presente que la sociedad ha cambiado, que nuestros hijos no son nosotros y que nosotros no somos nuestros padres.

Es muy importante que el niño se sienta acompañado emocionalmente, como veremos en el capítulo 4, pero el problema es que a veces, al priorizar el bienestar emocional, nos olvidamos de la conducta. Un niño o un adolescente que no tiene una buena conducta está haciendo cosas que no debe que, a su vez, le generan problemas y conlleva que se sienta mal. Es imposible que esté bien emocionalmente porque, en realidad, se encuentra mal, se comporta mal, le llaman la atención en clase y se siente con la autoestima baja. Se siente el malo y empieza a compararse con los demás.

**Nuestros hijos no son nosotros,
y nosotros no somos nuestros padres.**

Si a un chaval que se porta mal, por la mañana antes de ir a clase, se le dice que se porte bien y cuando viene del cole lo primero que se le pregunta es cómo se ha portado, el chico está dando por hecho que se va a comportar mal. Cuando un niño tiene un mal comportamiento, hemos de tener en presente que su objetivo no es amargar la vida a los padres: actúa así porque no sabe hacerlo de otro modo, pero se siente mal.

Mi objetivo con este libro es dar pautas prácticas para facilitar a los padres la educación de los hijos, desde los más pequeños hasta los adolescentes, con el propósito de ayudar a que en algunos casos se evite el mal comportamiento.

Daremos un repaso a los problemas que puede generar en los chavales una educación poco eficiente: ausencia de límites y rutinas, falta de iniciativa y autonomía, mala gestión de las emociones, estrés, queja e ingratitud y problemas generados por el mal uso de las nuevas tecnologías, pero sobre todo conoceremos las herramientas para disfrutar de un hogar en paz y feliz. Para ellos, es importante que, además de su bienestar emocional, trabajemos el comportamiento, la conducta, los valores, las normas y los límites.

Los límites son fundamentales. Se ponen para que nuestro hijo recoja la ropa, no abuse del móvil o descanse las horas necesarias para su salud física y emocional. Pero tienen otras muchas connotaciones en la conducta del niño: les ayuda, entre otras cosas, al control de impulsos. Os hablaré más adelante sobre el desarrollo del cerebro, pero antes voy a poner un ejemplo.

Imaginaos que voy a un restaurante, tengo mucha hambre y me hacen esperar veinte minutos a que me den mesa para comer. Mientras espero, estoy viendo a una persona tomarse unos muslos de pollo, que me encantan y me están apeteciendo. Sin embargo, no asalto al comensal, sino que espero a que me den mesa y pedir mi propio plato, porque controlo mis impulsos. Si esta situación nos ocurriese con un niño pequeño, le explicaríamos que no se puede coger la comida del otro comensal. Eso es poner un límite y eso es enseñar a nuestro hijo a controlar los impulsos.

Además de su bienestar emocional, trabajemos el comportamiento, la conducta, los valores, las normas y los límites.

Los límites les ayudan también a sentirse seguros, porque saben a qué atenerse. Mario Alonso Puig, experto en motivación, liderazgo e inteligencia emocional, explica las seis motivaciones que afectan a todas nuestras conductas, que nos mueven a la acción:

1. Estar en un entorno seguro, poder controlar lo que pasa, saber que el suelo que pisamos es suelo firme.
2. Sentirnos reconocidos, valorados.
3. Pertenencia al grupo. La motivación de llegar a un sitio y sentir que nos acogen, que no nos desprecian, que no nos marginan.
4. Motivación al desafío, al reto. Si en la vida no hubiera

retos sería muy aburrido. Aunque nos guste mucho estar en la zona de confort y podamos estar ahí durante un tiempo, al cabo de un tiempo no hay quien lo aguante.
5. Crecer, mejorar y progresar.
6. Contribuir al bienestar de otras personas. Tener una vida con propósito.

Hay un equilibrio natural que hace que nos mantengamos de forma estable, pero cuando alguna de estas motivaciones cobra demasiado protagonismo en detrimento de las otras, podemos tener ciertos problemas. Los chavales que tienen mal comportamiento suelen tener ausencia de motivaciones. Si no hay límites, no se sienten seguros y, a partir de ahí, no se sienten reconocidos, no sienten pertenencia al grupo, etcétera.

Antes de emprender este camino hay algo que quiero dejar claro por encima de todo: la educación es un viaje maravilloso que disfrutar, en el que estamos formando personas que nos van a dar muchas satisfacciones, pero es también un viaje largo y esforzado que requiere tiempo, paciencia, mucho amor y comprensión. En ese viaje, pueden llegar momentos en los que los padres se sientan mal, ya sea porque el hijo lo está pasando mal o porque sienten que no han conseguido los objetivos que se han propuesto. Ante estas situaciones, en la asesoría familiar en la que atiendo a madres y padres con chavales con problemas de comportamiento, siempre les digo que han de comprender a los hijos, pero mal haría yo en no comprender a los padres que están en estas situaciones. Porque, además, cuando se tiene un hijo que está teniendo problemas de comportamiento, todo el mundo opina. Unos te dicen eso de «yo le habría pegado un bofetón a tiempo», otros te recomiendan que lo castigues, otros que le ignores. La sensación es que lo has probado todo y nada te funciona.

Jamás nos tenemos que sentir culpables porque hacemos lo mejor para nuestros hijos. A veces el resultado que se obtiene no es el que se desea, lo que genera mucha sensación de impotencia. En el caso de que tengáis problemas de comportamiento en vuestros hijos, si queréis cambiar la situación, habrá que buscar otro método, pero no hay que tirar nunca la toalla. Al final del libro, os dejo mis datos por si necesitáis ayuda. Cuando tenemos un hijo que tiene problemas de comportamiento, en ocasiones el clima familiar es tan complicado que lo primero que hay que hacer es dar la vuelta a la situación para reencontrar el equilibrio. Puede ocurrir que haya una autoridad perdida o que hayamos sido demasiado permisivos; cada situación es distinta. Para ello en la primera consulta analizo el caso y, en función de este, doy una solución personalizada a cada hija o hijo, teniendo en cuenta las características familiares y la personalidad del niño.

Si vuestros hijos tienen problemas de comportamiento, será necesario buscar otro método, pero no tiréis nunca la toalla.

Ante una situación como esta, como es tan tensa, solo vemos lo que hacen los hijos mal, pero es muy importante tener presente qué hacen bien. De ahí que una de las preguntas que hago a los padres y madres en consulta es qué hacen bien sus hijos. ¿Por qué? Porque es fundamental fijarnos en eso. En estos casos en los que ya ha sido necesario ir a consulta, la respuesta es «nada» o «muchas cosas». Cuando responden que nada, es una pena ver que unos padres no encuentran nada positivo que hagan sus hijos; cuando dicen que «muchas cosas», les pregunto qué cosas, pero no saben concretar. Esto es muy importante trabajarlo en consulta, empezar a dar la vuelta para ver lo que hacen bien los hijos.

Cuando nuestros hijos tienen un mal comportamiento y solo nos dirigimos a ellos para regañarles, potenciamos ese mal comportamiento. Entran en un bucle ellos y entramos en un bucle nosotros, angustiados porque no nos hacen caso. A veces, para romper el bucle, basta con pararnos a pensar qué están haciendo bien o qué se les da bien y decirlo, hablarles en positivo.

Las pautas que encontraréis en este libro serán principalmente herramientas emocionales, herramientas para revisar lo que hacemos y si nos ayuda o no, para saber qué hacer y qué no hacer, pero siempre bajo la perspectiva de la comprensión.

Trabajaremos la resiliencia desde la disciplina positiva y trabajaremos la disciplina positiva desde la resiliencia, pues ambas son una. Firmeza y cariño no son incompatibles. Disciplina positiva es educación con emoción y empatía, no dejarles hacer lo que quieran. El problema es que, una vez más, por ese deseo de darles todo y hacerles felices, confundimos conceptos. Recuerdo el título de una noticia: «Niños mandando callar y comiendo con las manos: ¿Estamos educando bien a nuestros hijos?». ¿Por qué salen estas noticias? Porque nos estamos equivocando.

**Eduquemos en la resiliencia desde
la disciplina positiva, y eduquemos la disciplina
positiva desde la resiliencia; ambas son una.**

Trabajemos con ellos desde pequeños con disciplina y amor. El recorrido será, así, mucho más sencillo. El cerebro acaba de formarse entre los veintidós y veinticinco años; en las mujeres antes que en los hombres. El cerebro es muy plástico, se adapta a las situaciones, pero con el tiempo hay partes que son como el cemento, no como la arcilla. ¿Cuál es la diferencia? La arcilla se moja, se le da forma y se deja secar, pero podemos volver a echarle agua y volver a modificarla. Sin embargo, el cemento fragua y, por mucha agua que eches, no puedes volver a modelarlo. Cuanto más tardemos, más difícil será la educación y más difícil será modelar algunos aspectos, porque el cemento estará ya duro.

«Los niños son como cemento fresco, cualquier cosa que caiga sobre ellos deja una huella», decía el psicólogo y educador Haim Ginott. Tratémosles con la delicadeza de ese cemento sobre el que vamos a dejar huella y la firmeza de ese cemento que un día no podrá modelarse.

1.
Martillos para romper
la burbuja de la sobreprotección

No les evitéis a vuestros hijos las dificultades
de la vida, enseñadles más bien a superarlas.

LOUIS PASTEUR

Rocío acude a consulta porque la relación con su hija de catorce años, Clara, es muy difícil. Siente que apenas existe comunicación, no se entienden. Me explica que unos días antes había decidido no ceder más ante su hija, que intentaba saltarse constantemente las normas que había en casa. Me pone el ejemplo de recoger la mesa. Me cuenta que Clara llevaba días negándose a llevar sus platos al fregadero después de comer. La madre había decidido *plantarse* y no ir detrás de ella recogiéndolos. La reacción de Clara fue seguir sin recoger y dejarlos esparcidos por la mesa del salón. Ante aquella situación, la madre tomó otra actitud: le dijo a su hija que hasta que no los recogiese y se quedase la mesa libre, no le serviría la comida. ¿Qué hizo Clara? Los acumuló en la mesa de tal forma que solo quedase libre un espacio para su plato. Desbordada ante la actitud de su hija, la madre decidió venir a verme.

Imaginad el sentimiento de esta mujer, sorprendida ante el comportamiento de su hija. Este tipo de actitudes, de tensar la cuerda, no son tan excepcionales. Imagino lo que estaréis pensando: que si una torta bien dada a tiempo, que si no se puede ser así de blanda, que si menuda cruz le ha tocado a esa madre con esa hija.

Hay un concepto que quiero remarcar y que va a estar muy presente a lo largo del libro: la empatía. Ningún progenitor busca llegar a esa situación. Entiendo la angustia de esta madre, tan desbordada después de haber probado todo y que nada le haya funcionado, que no sabe cómo actuar. Una madre o un padre desesperados tienen doble sentimiento de culpa, porque la relación con sus hijos no es la que ellos querrían y porque siempre hay voces alrededor señalándoles lo mal que lo están haciendo. Se frustran porque han hecho lo que mejor consideraban para sus hijos y no les ha funcionado.

Os digo también que esa hija —ni ninguna ni ninguno— no se porta mal por amargar a sus padres. ¿Creéis que Clara es feliz actuando como actúa?

Este ejemplo me sirve como muestra para analizar el panorama psicosocial en el que estamos actualmente.

Les educamos en Disney y la vida es *Walking Dead*

Vivimos en una sociedad paradójica en la que priorizamos que nuestros hijos sean felices y, sin embargo, cada vez lo son menos. El último informe sobre la felicidad en el mundo[1] señala que jóvenes de todos los países muestran menor grado de felicidad que sus mayores. Si bien esta época de incertidumbre, con retos económicos y sociales para todos, provoca inquietud, nosotros como padres podemos hacer mucho por ellos para que sepan lidiar con los obstáculos que se van a encontrar a lo largo de la vida.

Somos responsables de fomentar su bienestar, y la mayoría seguimos ese propósito con nuestra mejor intención, pero, en algunas ocasiones, lo hacemos de manera equivocada. En estas situaciones, se confunde el concepto de felicidad: confundimos la falsa felicidad con la auténtica, en la que profundizaremos en el siguiente capítulo. También, a veces, nos equivocamos en cómo les enseñamos a ser felices.

Hay una frase que siempre digo: «Les educamos en Disney y la vida es *Walking Dead*». Les queremos dar tanto para que no sufran que lo que estamos consiguiendo es generar niños que se convierten en adolescentes y adultos que no saben gestionar la frustración y no son capaces de manejarse en la adversidad. Son personas que no entienden que las cosas no siempre funcionan como esperan, que a veces se les dice que no, que un día uno se levanta con la idea de ir a dar un paseo y llueve, o que en una jornada laboral pueden salir mal las cosas y perder el trabajo de los últimos tres días.

No todo lo podemos controlar, no todo sale como nos gustaría. Debemos aceptarlo, y la única manera de aprender a aceptarlo es enseñárselo desde pequeños.

Les queremos dar tanto para que no sufran que en ocasiones les quitamos el derecho a equivocarse, frustrarse, responsabilizarse y madurar. Cuando esto ocurre, les estamos quitando los aprendizajes imprescindibles para que se manejen en la adversidad.

Generación de cristal y «cristales» de cualquier edad

Todo este panorama psicosocial está dando lugar a la llamada generación de cristal. Algunos expertos ubican esta generación a los nacidos después del año 2000, o también llamados generación Z, hijos de otra generación, la X, que sufrió más carencias económicas y emocionales, y que no quiere que sus hijos pasen por lo mismo que ellos.

Así son los «chicos de cristal»

Algunas de las características que definen a la generación de cristal son:

- Son nativos digitales. Las nuevas tecnologías forman parte de su vida desde que nacieron y las redes sociales son una realidad a través de las que generan amistades.
- Sus habilidades están muy enfocadas hacia lo audiovisual y tienen poco interés por la lectura y los eventos culturales.
- Están muy comprometidos en temas sociales y son defensores de aquello que consideran justo. Son la generación de la libertad, la diversidad y la búsqueda de cambios. Tienen un elevado sentido de la empatía, la espiritualidad y la sensibilidad y un fuerte deseo de ayudar a los demás.
- Son emocionalmente sensibles y expresan abiertamente sentimientos, pensamientos y preocupaciones.
- Son sensibles al rechazo y la crítica, se frustran con rapidez, sucumben con facilidad al estrés y tienden a deprimirse.
- Son creativos y demandantes, cuestionan tradiciones y normas sociales. Son más propensos a desafiar estereotipos y etiquetas tradicionales. Buscan mayor flexibilidad y no toleran la posición de autoridad, quieren que su profesor o jefe sean su amigo y se victimizan con frecuencia.
- Están condicionados a premios, recompensas y negociaciones y les cuesta esforzarse.

- Tienen sobrecarga de información, se sienten perdidos y con miedo al fracaso, lo que lleva al perfeccionismo en algunos casos y en otros a tirar la toalla rápidamente.
- Necesitan reconocimiento social porque a menudo son inseguros y de autoestima baja.
- Tienen sobrecarga y les cuesta concentrarse.

Este término, que surge del estereotipo de que son «frágiles», es injusto para describir cualquier generación. Ni tienen que cumplir todas las características ni todos los chicos de esta generación son así ni los nacidos en otros años son distintos.

Mi objetivo en este libro es ayudar a que chicas y chicos —tengan la edad que tengan, sean de la generación que sean— sepan enfrentarse a la vida y para ello debemos conocer sus problemas y sus emociones, entenderles.

En absoluto tenemos una juventud o una adolescencia mala. Los chavales de ahora tienen unas cualidades magníficas, unas cualidades que ningún padre o madre quieren que se pierdan. Por eso, en estas páginas, pretendo daros pautas para acompañarlos y convertirlos en adultos sanos y equilibrados, dispuestos a ofrecer su mejor versión y preparados para sostener las adversidades que se encontrarán. Son pautas tanto para los más pequeños como para los más mayores con el objetivo de favorecer el resultado.

Si hay una mala conducta, los niños y adolescentes necesitan un motivo para que se produzca el cambio. Y ese motivo es que nosotros actuemos de otro modo. En absoluto quiere decir que la conducta sea porque estemos actuando mal, sino que el modo en el que estamos actuando en ese momento está generando que nuestro hijo tenga esa conducta. Entonces, para que haya cambios, tiene que haber motivos y, si no los hay, tenemos que provocarlos nosotros.

La llamada generación de cristal ha sido sobreprotegida y es sensible al rechazo y la crítica. Es emocionalmente sensible y demandante. Pero no todos son así; además, tienen cualidades magníficas. Sean como sean, nuestra función como padres es acompañarlos.

Tengan la edad que tengan podemos seguir acompañándolos y aprendiendo todos, padres e hijos, incluso si han llegado a la adolescencia y se han estampado con la realidad sin herramientas para poder afrontarla. No podemos esquivar la vida, ni nosotros como padres ni ellos. Es nuestro deber estar junto a nuestros hijos siempre, en los buenos y en los malos momentos, y buscar soluciones para transitar las dificultades. Siempre hay soluciones, cuesten más o menos, pero siempre hay mucho en nuestras manos para poder revertir una situación.

A menudo pongo este ejemplo: si se me está inundando la casa por una avería de agua del vecino debo actuar; si no, terminaré sin casa. Lo mismo ocurre con las personas, si no actuamos ante los problemas que vamos encontrándonos, terminamos estallando con una depresión, un problema de comportamiento, un problema de conducta alimentaria o ansiedad.

El mejor estilo educativo

El ser humano tiene el poder de adaptarse a todo, pero esa facilidad nos la da la resiliencia y saber que nos tenemos que adaptar a las situaciones, a los problemas que nos surjan, a los obstáculos. Y eso es lo que a veces nos está fallando a los padres: enseñar a nuestros hijos a ser resilientes. Queremos hacerlo tan bien que, en ocasiones, nos olvidamos de lo más básico: el sentido común. Es lógico que nos formemos como padres, que queramos aprender herramientas, estrategias y habilidades, pero no tenemos que hacer todo lo que se ve en los demás, porque no hay un estilo educativo ideal para cada niño.

Muchas madres y padres me consultan a la hora de poner límites porque ven que otros chicos hacen cosas que ellos, en principio, no permitirían. ¿Cómo saber si acertamos? Siempre les digo lo mismo: «Tú tienes que hacer lo que consideras que es lo mejor para tu hija o hijo». Y olvídate de lo que hagan o digan los demás. Si tú consideras que tu hijo es pequeño para estar hasta las tres de la mañana por ahí, no le dejes. Si piensas que cuando os vais de vacaciones al pueblo y en verano es distinto, quizá ahí sí puedes considerarlo. Pero valora, siempre valora. Como padres, tenemos la suficiente capacidad para valorar o considerar, siempre bajo nuestro criterio, qué es lo mejor para nuestros hijos.

Los estilos educativos hemos de adaptarlos a nuestras creencias, nuestra forma de ser, la forma de ser del niño, su edad y todo aquello que consideremos. Por eso, ni siquiera podemos usar el mismo estilo para si tenemos más de un hijo, tenemos que adaptarlo a cada uno. Pero hemos de adaptarlo siempre teniendo en cuenta que hay una línea que no podemos perder, que son los valores, los límites.

> **Cuando los padres dudan de si están poniendo los límites adecuados, siempre les digo: «Tú tienes que hacer lo que consideras que es lo mejor para tu hija o hijo. Y olvídate de lo que hagan o digan los demás. Como padres, tenemos el suficiente criterio para valorar lo mejor para ellos».**

Los estilos educativos deben estar basados, sobre todo, en nuestros valores. Los valores son los cimientos sobre los que se basa nuestra educación, nuestra vida. Si tenemos asimilado el valor de la amistad, sabremos tener amigos; si tenemos el valor de la responsabilidad y el esfuerzo, conseguiremos cosas; si tenemos integrado el valor del respeto, aprenderemos a respetar.

Los valores son conductas adaptativas; es decir, se educan por modelado (dando ejemplo) y por posicionamiento (explico a mi hijo qué debe hacer). Hay cosas que no podemos educar con modelado. Como dice el juez de menores Emilio

Calatayud, todos somos iguales, pero unos más iguales que otros; los padres somos más iguales que los hijos. Esto significa que los padres tenemos un rol que no es el de los hijos y no podemos ponernos a la altura de ellos, porque si no pasan a ser nuestros colegas y ya no respetan las decisiones. A la hora de educar es necesario tener credibilidad y la credibilidad es la relación entre lo que decimos y lo que hacemos. No podemos decir a un niño que no grite gritando ni podemos decirle que deje el móvil si nosotros estamos comiendo con él en la mano, porque merma nuestra credibilidad. Credibilidad es también que, cuando digamos algo, se cumpla lo que decimos.

Respeto hacia nosotros, los padres; respeto hacia ellos, los hijos

Los valores de hoy han cambiado. Nuestros hijos tienen valores que a nosotros no nos enseñaron, y no dan importancia a los nuestros porque no se la hemos transmitido. Al final, consiguen casi todo y no suelen agradecerlo. Esto los lleva a tener una falsa sensación de que todo lo que tienen es porque sí, por arte de magia, y no aprenden algo tan importante como el esfuerzo, la perseverancia o el respeto.

Ocurre cuando un niño falta el respeto y se le ríe la gracia. O si cuando se rinde, le facilitamos el camino y rápidamente estamos ahí diciéndoles «No te preocupes, yo te ayudo». ¿A ti te gustaría que cuando estuvieses intentando hacer algo te lo quitasen de las manos y te dijesen «ya lo hago yo»? ¿Crees que eso te ayudaría? No se lo hagamos a ellos tampoco; les estamos quitando la capacidad de actuar. Esto genera que algunos niños, cuando llegan a la adolescencia y se encuentran con la realidad, es decir, con que necesitan esforzarse, perseverar y aceptar el no, no saben gestionarlo.

El esfuerzo es uno de los valores que considero principales en la educación y lo aprenderán si nos lo ven. Hay un proverbio de Confucio que dice: «Me lo explicaron y lo olvidé, lo vi y lo entendí, pero lo hice y lo aprendí». Esto siempre lo explico a la hora de educar y pongo el ejemplo de conducir: puedes enseñar a alguien a conducir explicándole los pasos, los entenderá mejor cuando esté de copiloto y vea cómo se ejecutan, pero hasta que no esté ante el volante no aprenderá. Nuestros hijos necesitan ponerse en acción y aprender ante la vida, sin que les queramos quitar los problemas para que no sufran. Esto es también una forma de respetarlos, de darles independencia y autonomía, de permitirles madurar.

La forma en la que ellos entienden la felicidad ofrece un panorama psicosocial en el que algunas niñas o niños no se sienten a gusto con ellos mismos ni con lo que les sucede; en definitiva, con su vida. Según su temperamento, carácter y personalidad (hablaremos de estos conceptos en el próximo capítulo) van a reaccionar de diferente modo. Unos dejarán de luchar, otros se pondrán tristes, otros tendrán conductas inadecuadas. Esto puede derivar en malestar, rebeldía, depresión, ansiedad o mal comportamiento.

Tengamos presentes también los problemas de salud mental en la adolescencia, de los que hablaremos en el capítulo 8.

En algunos de estos casos llevados al extremo, puede ocurrir que deriven en trastornos de conducta alimentaria o adicciones a sustancias tóxicas (alcohol y drogas) o conductuales (adicciones a las nuevas tecnologías, a los juegos). Este tipo de conductas generan una falsa felicidad. Las hormonas de la dopamina y la oxitocina les aportan sensación de placer sin que realicen ningún esfuerzo, por lo que cada vez quieren más gratificación por no hacer nada.

Además, al llegar a la adolescencia, una de las características de esta etapa es que quieren probar cosas nuevas, entre ellas sustancias como el alcohol y la marihuana. El efecto placebo que les producen estas sustancias deja de ser un momento para pasarlo bien con los amigos para convertirse en un problema de salud, si hay problemas de mala conducta. Las adicciones son el reflejo de problemas emocionales.

Un proverbio de Confucio dice: «Me lo explicaron y lo olvidé, lo vi y lo entendí, pero lo hice y lo aprendí».

Debemos permitirles actuar y equivocarse; de lo contrario, les estaremos robando su derecho a madurar y desarrollar su autonomía.

Cuando somos colegas de nuestros hijos, les dejamos huérfanos de padres

Otro de los problemas de hoy en día es que queremos que todo vaya deprisa. La sociedad va muy rápido y padres e hijos nos hemos subido al carro de esas prisas por todo. La adolescencia empieza antes, cuando su cerebro no está maduro en muchos aspectos. La ausencia de límites, además, está haciendo no solo que sean más inmaduros por lo general, sino que tengan acceso a contenidos y acciones para los que no están preparados. Estoy hablando de conductas de riesgo en edades cada vez más tempranas, consumo de porno y de alcohol, acceso a Internet, que es una ventana al mundo, o tener relaciones sexuales siendo muy jovencitas y jovencitos.

Esto genera una baja autoestima. Hay estadísticas que señalan que las chicas, por ejemplo, no diferencian entre sentirse queridas y estar controladas. Me sorprende cómo algunas de las adolescentes que, aparentemente, no muestran problemas de comportamiento y pueden ir bien en los estudios, confunden estar controladas por su pareja con sentirse queridas.

La falta de maduración, al solucionárselo todo nosotros —en el caso de algunas familias— y no enseñarles a enfrentarse a las adversidades, está haciendo también que la adolescencia acabe más tarde. Hemos pasado de ser padres autoritarios a colegas y eso es un error porque, como dice Emilio Calatayud, actuando así dejamos a los hijos huérfanos de padres.

En mi consulta siempre recuerdo a los chavales el artículo 154 del Código Civil, que recoge las obligaciones de los padres con sus hijos: «Velar por ellos, tenerlos en su compañía, alimentarios, educarlos y procurarles una formación integral». Esas son nuestras responsabilidades, no cumplir todos los deseos. El artículo 155, por su parte, señala que «los hijos deben obedecer a sus padres mientras permanezcan bajo su potestad y respetarlos siempre».

Disciplina positiva y sentido común

Como señalaba al principio de este capítulo, pese a que el panorama psicosocial ha cambiado y padres e hijos nos enfrentamos a otras adversidades que no había antes, los progenitores podemos hacer mucho por ellos. Recurriendo a los títulos de dos de mis libros, *La mejor versión de tu hijo* y *Tu mejor versión como padre*, el truco para conseguir las mejores versiones de ambos es a través de la disciplina positiva y el sentido común.

La disciplina positiva no se basa en la corrección a través de la educación, sino de la conexión; no se basa en el castigo, sino en las consecuencias (ver capítulo 3), ni se basa en el autoritarismo, sino en el vínculo emocional, el afecto y la empatía.

A través de la disciplina positiva conseguiremos ese vínculo emocional, un hijo o hija con habilidades sociales y emocionales; adultos seguros, responsables, resilientes y felices.

Pero no nos equivoquemos. Disciplina positiva es:

- Ser amable, pero también firme.
- Respetarlos, pero también hacer que nos respeten.
- Ser empáticos y comprensivos, pero también fijar límites claros de conductas y establecer normas de comportamiento.
- Ayudarles a buscar soluciones a los problemas, pero no solucionárselos.
- Promover la independencia, pero también la responsabilidad.
- Usar el diálogo y no la imposición, pero no convertirnos en colegas suyos.
- No castigar, pero tampoco ser permisivos.
- Ser guía, pero siendo ejemplo, ganándonos la credibilidad.
- Potenciar su autoestima, pero con un clima de armonía y respeto.
- Enfocarse en el proceso de aprendizaje y no en el resultado final, pero sin crearles falsas expectativas.

Apuntes clave

- Ni los padres y madres se equivocan aposta ni los hijos e hijas se portan mal con intención de fastidiar. Unos y otros se merecen toda la comprensión y empatía y, a partir de ahí, buscar las pautas que ayudarán a recobrar la estabilidad y armonía en el hogar.

- En ocasiones, les educamos en Disney y la vida es *Walking Dead*. Vivimos en una sociedad paradójica en la que priorizamos que nuestros hijos sean felices y, sin embargo, cada vez lo son menos porque les queremos dar tanto para que no sufran que a veces lo que estamos consiguiendo es generar niños que no saben gestionar la frustración y no son capaces de manejarse en la adversidad.

- El término generación de cristal se usa mucho asociado a la fragilidad de las chicas y chicos nacidos después del año 2000. Ni todos los nacidos en estos años son así ni los de otras generaciones lo son menos. Mi objetivo en este libro es ayudar a que chicas y chicos —tengan la edad que tengan, sean de la generación que sean— sepan enfrentarse a la vida. Sean más pequeños o más mayores, se hayan estampado o no con la realidad, podemos seguir acompañándolos. No tiréis la toalla.

- No hay estilo educativo ideal. Los padres debemos crear los nuestros propios en función de nuestras creencias y valores, nuestra forma de ser, la forma de ser del niño, su edad y todo aquello que consideremos. Por eso, ni siquiera podemos usar el mismo estilo si tenemos otro hijo, sino que tenemos que adaptarlo a cada uno.

- Como padres debemos ganarnos su respeto y también respetarlos a ellos. Si todo se lo hacemos, no les estamos respetando porque no les dejamos crecer en autonomía y madurez. Necesitan ponerse en acción y aprender ante la vida sin que les queramos quitar los problemas para que no sufran.

- La disciplina positiva nos ayudará a dar a nuestros hijos habilidades sociales y emocionales y convertirlos en adultos seguros, responsables, resilientes y felices. La disciplina positiva no se basa en el autoritarismo sino en el vínculo emocional, el afecto y la empatía, pero también en el respeto, la responsabilidad, la firmeza y las normas.

2.
«Como viene de serie» no es excusa. Todo se educa, ¡la felicidad también!

El niño se convierte en adulto cuando comprende que tiene derecho a tener razón y a equivocarse.

THOMAS SZASZ

Antes la prioridad de los padres era que los hijos y las hijas fueran personas de provecho. Hoy en día la prioridad de los padres es que las hijas y los hijos no sufran, que sean felices. No hay duda de que todos queremos que nuestros hijos sean felices, pero, como hemos visto en el capítulo anterior, a veces nos equivocamos en el camino, se lo allanamos tanto queriendo ayudarles en su felicidad que abonamos las semillas de la infelicidad.

¿Por qué? Porque en muchas ocasiones lo que abonamos es el campo de la llamada falsa felicidad. El doctor Daniel López Rosetti, especialista en diagnóstico y tratamiento del síndrome del estrés y presidente de la Sociedad Argentina de Medicina del Estrés, explica muy bien este concepto que ya avancé en mi libro *Tu mejor versión como padre*. El doctor define la felicidad como «bienestar subjetivo percibido»; es decir, como bienestar que te hace sentir bien que, al ser subjetivo, no es tangible, aunque lo percibes.

Ser vs. tener

López Rosetti llevó a cabo un experimento con adultos para explorar los factores que influyen en la felicidad. Uno de los descubrimientos del estudio fue que la felicidad no depende tanto de lo que poseemos, sino de la diferencia entre lo que tenemos y lo que deseamos; es decir, cuando la brecha entre lo que se tiene y lo que se desea es grande se es infeliz. Por el contrario, cuando la diferencia entre lo que se tiene y lo que se desea se reduce, nuestra sensación de felicidad aumenta, lo que significa que, cuanto más alineadas estén nuestras expectativas con nuestra realidad, mayor será nuestro bienestar emocional.

El problema es que para ver a nuestros hijos felices buscamos la felicidad inmediata y les acercamos lo que desean: desde chucherías a permiso para acostarse tarde, pasando por un juguete más. Pero cuanto más les damos, más se incrementan sus pretensiones, además de forma exponencial. Cuanto más les damos, más tienen y más quieren. Lo que al principio parecía suficiente pronto se vuelve insuficiente, ya que, al satisfacer continuamente sus deseos, generamos en ellos nuevas expectativas cada vez mayores. Al aumentar sus pretensiones, provocamos, por tanto, el efecto contrario: cada vez habrá mayor diferencia entre lo que tienen y lo que quieren y los haremos más infelices porque, si no se les pone límite, no tienen fin.

Por otro lado, también se desarrolla en ellos una sensación de derecho adquirido. Lo que inicialmente era un gesto de generosidad por parte de los padres, como un premio o una excepción, pronto se transforma en una obligación adquirida para los progenitores, que pasan a convertirse en una especie de proveedores constantes de deseos.

Generamos unas expectativas en nuestros hijos, que, cuando lleguen a la adolescencia y vean que no siempre —casi nunca, de hecho— se pueden cumplir, se van a dar de bruces con la realidad, una realidad que les cuesta gestionar. En ocasiones los padres, al haberles puesto tantas facilidades de niños, no les hemos dado las herramientas que necesitan para poder manejarse en el día a día y evolucionar como personas.

Cuanto más damos a nuestros hijos, más quieren. Además, tienen la errónea sensación de derecho adquirido por la que los padres pasan a convertirse en una especie de proveedores constantes de deseos.

En esa eterna búsqueda del ser humano de «ser feliz», López Rosetti pone el énfasis en *ser*; es decir, la felicidad no es algo que esté fuera de nosotros, no es un objeto que alcanzar para apropiarse de él. «La felicidad —describe— es una construcción interna, que constituye parte de nuestro ser». La felicidad depende, en definitiva, de la actitud. Disfrutar de lo que se tiene es calidad de vida frente a estar deseando algo que no se puede tener. En esta forma de estar ante la vida de manera positiva y sana, los padres tenemos mucho que hacer educando en la resiliencia.

Cuando algo no me va bien, me permito llorar una noche

La resiliencia se puede definir como la capacidad de recuperación después de un suceso traumático o muy estresante, pero es también la capacidad de adaptación al cambio, la capacidad de afrontar las dificultades, los desafíos y el estrés. Los chavales que desde la infancia han integrado herramientas para afrontar los desafíos que han ido teniendo correspondientes a su edad en su día a día serán adolescentes y adultos resilientes. Sin embargo, los niños y adolescentes no resilientes que han crecido en la falsa felicidad no aceptarán cambios, no tendrán la capacidad de enfrentar dificultades y les costará recuperarse cuando algo no va como ellos piensan.

Crecer con resiliencia no significa que, ante los problemas que llegan en el día a día, no se pueda estar triste o desconcertado. Somos humanos, no máquinas. Pero siempre digo que, cuando algo no me va bien, me permito llorar una noche.

Al día siguiente no me concedo otra actitud más que aceptar lo ocurrido si no puedo hacer nada o hacer lo que esté en mi mano para cambiarlo. En cualquier caso, afrontarlo.

Ser resiliente no significa no estar tristes o desconcertados ante las adversidades de la vida, sino saber actuar ante estos obstáculos aceptando lo ocurrido o, si está en nuestras manos, poniendo los medios para cambiarlo.

Aprender a perdonarse y aprender que no son perfectos

Otra de las características que suelen primar entre los adolescentes poco resilientes es el sentimiento de culpa, que en casos extremos puede desencadenar en trastornos de conducta, conducta alimentaria o problemas emocionales como depresión o ansiedad. Si un adolescente es consciente de que está haciendo algo que no debe, le cuesta mucho perdonarse, lo que a su vez afecta a su resiliencia. Cuando no son capaces de quitarse ese sentimiento de culpa, pueden acabar con cuadros de depresión o ansiedad, en un bucle del que les cuesta mucho salir y en el que se hacen aún más daño.

Para fomentar la resiliencia es importante que, desde niños, les enseñemos sobre el perdón. A perdonar y a perdonarse para poder avanzar; debemos enseñarles a darle la vuelta a los errores que cometen. Todos cometemos errores, lo importante es gestionarlos desde la resiliencia.

De la mano del perdón, está también la humildad. La persona humilde es capaz de asumir la responsabilidad de lo que hace y, si se equivoca, reconocerlo y pasar página, habiendo aprendido la lección. Este es otro error que a veces se comete: no les enseñamos humildad porque estamos continuamente ensalzando que son perfectos, una actitud enemiga de la resiliencia. Cuando ponemos a nuestros hijos en el pedestal de los niños perfectos, crecen sin conocer la humildad, lo que los lleva a no reconocer los fallos que cometan, a echar la culpa de lo que les ocurre a los demás y a ni siquiera contemplar la posibilidad de cambiar ellos.

Muchas veces, debajo de esa no humildad, se esconden una baja autoestima, inseguridad e inestabilidad emocional, características habituales en los adolescentes que han crecido demasiado sobreprotegidos. Y la inseguridad lleva al mal comportamiento.

El perdón —perdonarse y perdonar— y la humildad son necesarios para poder avanzar. Todos cometemos errores, lo importante es saber gestionarlos desde la resiliencia.

Antes que ignorarme, pégame

Todos necesitamos reconocimiento. Como explica Alex Rovira (podéis ver el vídeo en el QR al final del libro), los seres humanos para desarrollarnos necesitamos alimento, oxígeno y agua, y, sobre todo, necesitamos caricias. Rovira recuerda la frase de William Faulkner en su novela *Las palmeras salvajes*: «Entre el dolor y la nada, prefiero el dolor». Es la expresión poética del principio que enunció el psicólogo Claude Steiner, discípulo de Eric Berne y este a su vez de Freud, en la teoría de la economía de las caricias.

Steiner dedujo que todas las personas necesitamos caricias, no solo físicas, sino también emocionales, como una mirada, un gesto amable o una sonrisa; *caricia*, en definitiva, como «signo de reconocimiento» (en inglés, *stroke*). Cuando una persona no sabe cómo obtener caricias positivas, busca la forma de conseguirlas, aunque sean negativas, antes que no obtener ningún reconocimiento.

Rovira lo explica a través de esta metáfora: imaginemos que estamos en un desierto, sabemos que necesitamos beber agua o moriremos. Vemos entonces un charco que, por su hedor, nos hace saber que su agua es insalubre. Aun así, la mayoría beberíamos. Esto es lo que ocurre en muchos casos, aunque normalmente lo hacemos de manera inconsciente: cometemos un error para llamar la atención, para obtener esa caricia. Se ve claramente en los adolescentes, que se rebelan para llamar la atención del padre o la madre ausente. La rebelión no es más que una forma descarada de llamar la atención, es un «antes que ignorarme, pégame».

Cuando un niño o adolescente (y un adulto) no sabe cómo obtener caricias positivas, busca la forma de conseguirlas, aunque sean negativas, antes que no obtener ningún reconocimiento.

Todos, estemos en la etapa vital que estemos, necesitamos atención y caricias, más aún si estamos con baja autoestima.

Un adolescente con baja autoestima necesita obtener reconocimiento en casa, entre sus amigos y en clase y, si no lo consigue de manera positiva, lo va a hacer llamando la atención de otro modo: portándose mal. Es su manera inconsciente de gritar «Estoy aquí, socorro».

Imaginaos la siguiente situación. El profesor está preguntando la lección y con cada respuesta acertada de sus compañeros, dice: «Muy bien, Pepito», «Muy bien, Juanita». Sin embargo, uno de los estudiantes no se sabe la lección, pero también necesita sentirse atendido. Como no va a ser mencionado porque no ha hecho sus ejercicios o no los ha realizado bien, va a intentar recibir atención de algún otro modo y esto hará que posiblemente tenga una actitud incorrecta. Por eso es normal que, cuando un chaval tiene baja autoestima, pueda recurrir a ponerse una coraza con la que aparentemente parece estar bien, pero en realidad es para evitar sentirse dañado.

Temperamento, carácter y personalidad. ¿Qué es qué?

Avanzaba al comenzar este capítulo que la felicidad depende de la actitud. Y me diréis, no sin razón, que cada niña o niño es un mundo y que, según su carácter, puede tener una actitud u otra. Sin duda, hay niños con baja autoestima que tienden a hundirse cuando no tienen reconocimiento y hay otros que destacan por encima de la media, siendo los «amos» de las redes sociales, que es otra forma de mostrar su necesidad de reconocimiento social. Cada uno, según su sello, buscará reconocimiento haciéndose el gracioso, comportándose mal, siendo provocador en las redes, entre otras muchas actitudes.

Sí, el carácter influye, pero todo se educa. ¿Cómo?

Antes de desgranar las herramientas que nos ayudarán en la educación de nuestros hijos, creo que es importante entender bien la diferencia entre temperamento, carácter y personalidad. Para muchas personas es lo mismo, pero no es así:

- El temperamento es innato, la mayoría de las veces tiene muchos rasgos heredados.
- El carácter es adquirido, modificable, educable y controlable. Por lo general, se forma en la infancia y adolescencia a través del entorno y las experiencias del niño o niña.
- La personalidad, el modo de actuar o poner en práctica la forma de ser, es la suma del carácter y el comportamiento.

El *coach* Daniel Colombo lo explica a través de este cuadro que comparte en su página web.[2]

TEMPERAMENTO	CARÁCTER
Innato: Constitución heredada	**Adquirido:** Constitución + Hábitos Aprendidos: educativos y relacionales
Dimensión Biológica	Dimensión Biológica + Social
Origen genético: **No Modificable**	Origen: genético + aprendido – **Modificable**
No puede ser cambiado por los actos	Susceptible de ser modificado por los actos (Conducta modificable mediante la educación en su contexto social)
Dimensión **Somática – No Educable**	Dimensión **Educable**
Modo de manifestarse **No Controlable**	Modo de manifestarse **Controlable**

Carácter (temperamento + hábitos aprendidos) + Comportamiento =
PERSONALIDAD

El temperamento es algo genético, sí, y no podemos cambiar las condiciones genéticas de nuestro hijo, pero sí que le podemos enseñar a utilizar ese temperamento. Le podemos educar en cómo actuar en las situaciones. Lo que marca la diferencia en un niño o un adolescente es su educación, no su temperamento.

Entonces, ¿qué podemos hacer y qué no podemos hacer como padres?

Sí podemos conseguir que nuestro hijo se comporte bien o de manera adecuada, pero no podemos conseguirlo en un día. Lleva su tiempo. A veces esperamos que explicándole algo a nuestra hija o hijo una vez ya lo haya asimilado, pero tenemos que tener paciencia y ser constantes. En un solo día no lo han aprendido, educar se basa en adquirir hábitos. Los hábitos son conductas adaptativas; es decir, se educan. Uno no nace con ellos. Es cierto que, por su temperamento y carácter, hay chicos o chicas que les va a resultar más fácil ser agradecidos o esforzarse, pero todo se educa.

El temperamento es algo genético que no podemos cambiar, pero sí podemos enseñarles a utilizar ese temperamento.

Todas las conductas adaptativas las hemos de educar. Cuando enseñamos a nuestro hijo a esforzarse, transmitiéndoselo desde su infancia, lo aprenderá poco a poco. Al principio, le va a costar, pero llegará un momento que ese valor o esa conducta pasa de las áreas del conocimiento perceptivo, que implica la interpretación de la información que alcanzan nuestros sentidos, a las áreas límbicas, involucradas en la formación de la memoria, el control de las emociones, las motivaciones, la conducta, la iniciativa y el aprendizaje. A partir de ahí ya lo hará automáticamente, sin pensarlo.

Este aprendizaje que se interioriza tanto que se hace automático, se ve claramente cuando se aprende a conducir. Las primeras veces que coges el coche te pones en noventa grados el asiento, te ajustas el cinturón, colocas las manos en el volante a las dos menos diez y vas pensando en todo lo que tienes que hacer: Ahora pongo el motor en marcha, aprieto el embrague, que es el pedal de la izquierda; meto la primera, que es adelante a la izquierda; giro el volante, acelero; veo un *stop*, empiezo a reducir y para ello suelto el acelerador..., y, por supuesto, si hay alguien contigo en el coche, no podéis hablar porque necesitas atención plena a lo que estás haciendo. Cuando ya tienes cierta experiencia, llega un momento en que ese conocimiento perceptivo pasa a las áreas límbicas. No vas pensando paso a paso todo, puedes ir charlando con alguien o escuchando música, por supuesto siempre sin perder la atención de la conducción. Lo mismo ocurre con muchas de las conductas que enseñamos a nuestras hijas e hijos. Eso es lo que tenemos que hacer y es lo que requiere paciencia.

Igual que a la hora de conducir unos aprenden antes que otros, pero todos podemos, lo mismo ocurre con los niños. Aprenderán más o menos rápido, según su carácter, pero lo harán. Hay generaciones más resilientes que otras y dentro de ellas personas que afrontan los problemas de un modo u otro. Los niños de hoy tienen más difícil ser resilientes por la forma de educación que prima, pero nosotros también podemos aprender para poder enseñarles.

Cuanto antes empecemos en esa educación que deseamos para nuestro hijo, mejor será para él y para nosotros. Tened siempre muy presente la importancia de ser constantes y no querer conseguir todo en un día. Recuerdo que, cuando era pequeño, me llevaba a mi hijo mayor a correr, después se sumó el pequeño. Con dos años, no podía correr, pero se venía con nosotros. Simplemente dábamos la vuelta a la casa y, mientras el mayor y yo corríamos, el pequeño iba en su bici y yo le ayudaba con un mango sujeto a ella. Mi hijo pequeño es ahora un apasionado del ciclismo. Cuando te dicen qué suerte tienes de que le guste el deporte, sueles pensar que esto no va de suerte, sino de educación porque es lo que les has inculcado desde niños.

Nuestra responsabilidad es proteger y dar herramientas, no sobreproteger y quitárselas

Para empezar a educar en la resiliencia, necesitamos ir quitándonos nuestra tendencia a la sobreprotección. Es nuestra responsabilidad proteger a nuestros hijos, pero protegerlos también significa enseñarles a manejarse en la vida y darles autonomía. Aunque hablaremos de ello en profundidad en el capítulo siguiente, subrayo la importancia de darles su autonomía según edad y madurez frente a sobreprotegerles.

Sobreprotegerles es no dejarles tener la autonomía que pueden tener; es decir, hacer nosotros cualquier cosa que puedan hacer ellos y, por otro lado, evitar que se equivoquen. Esas son las dos cosas que debemos tener muy presentes para no hacer.

Como padres, siempre vamos a hacer cosas de más que, en realidad, puedan hacer ellos. La vida nos lleva a ello: somos madres y padres que queremos muchísimo a nuestros hijos y ¿cómo no les vamos a hacer un favor si lo necesitan?

¿Cómo discernir, entonces? La línea entre los favores ocasionales y la sobreprotección nos la da el sentido común. Por ejemplo, si un día tu hijo está estudiando y te pide un vaso de agua, no pasa nada, pero eso no puede convertirse en un hábito diario y una obligación para la madre o padre.

También tenemos que estar atentos y no caer en la trampa de evitar que se equivoquen, que sufran, que lo pasen mal, que sean menos que otros. Ocurre mucho y genera mucha baja autoestima. Impedir que tu hijo sea peor que el otro le somete a una presión que no puede sostener. Si no juega bien al fútbol como el otro, no juega bien al fútbol; no pasa nada. Se lo explicas: «Cariño, eres una máquina en esto otro, pero no el fútbol».

Educar, todo se educa, sí, pero recordemos que educar no es cambiar. Un niño muy introvertido, cuando vaya por la calle, se esconderá detrás de papá o mamá cuando se encuentren a un conocido. No podemos evitar que sea introvertido, pero sí podemos educarle en el buen comportamiento: sacarle de detrás de las piernas y pedirle que salude, que sea educado. Lo hará, bajará los ojos y se volverá a esconder. No pretendemos que cuente su vida y milagros, solo que tenga un comportamiento educado. ¿Qué ocurre si es extrovertido? Cuidemos lo que contamos delante de él porque en cuanto vea a la vecina se lo va a decir. Es necesario explicarle que no todo se puede contar, aunque, en realidad, cuando más aprenderá la lección y no la olvidará es cuando un amigo se enfade con él porque ha ido diciendo por ahí lo que no debía.

Como padres, siempre vamos a hacer cosas
de más que, en realidad, ellos pueden hacer.
La línea entre los favores ocasionales y
la sobreprotección nos la da el sentido común.

Educar lleva tiempo y tenemos que ser pacientes y realistas con lo que queremos conseguir, porque —insisto— no puedo cambiar a mi hijo introvertido y transformarlo en chico extrovertido o al revés, y no puedo evitar que tenga genio. Lo que sí que le puedo enseñar es a controlar ese genio. Debemos enseñarle con paciencia y cariño, no a base de discusiones, sino ofreciéndole las herramientas para que madure y genere esos cambios que consideramos que nuestro hijo necesita para la vida real.

Como decía mi amigo Markel Irizar, el ciclista, cada uno somos únicos e irrepetibles, no hay dos iguales, pero desde pequeño a mi hijo con genio le puedo enseñar herramientas para su día a día. Eso es educar. Lo que no podemos pretender es decirle que no se enfade —como veremos en el capítulo 4, en el que hablamos de las emociones—, porque eso es inevitable. Sin embargo, sí le podemos enseñar a cambiar la actitud, a que busque soluciones, a que vaya adquiriendo habilidades; así, quizá la próxima vez, en vez de enfadarse, parará un momento y se dirá: «Voy a darle una vuelta a esto para ver cómo puedo gestionarlo». Como decía Margaret Mead: «Los niños tienen que ser enseñados sobre cómo pensar, no qué pensar».

Cuando nuestro hijo no cumple con nuestras erróneas expectativas

Hay niños más alegres y otros que lo son menos; debemos educar al hijo que tenemos, no al que nos gustaría tener. Cuando vamos a ser padres, ya durante el embarazo estamos pensando si nuestra hija o hijo será rubio, alto, si será un gran lector, le gustará el fútbol, tocar el piano o escuchar música *heavy*. Cuando nace y vemos pasar los años, resulta que no coge un libro, le gusta el tenis y el reggaetón. Esas expectativas que nos generamos, habituales entre madres y padres, no se pueden convertir en presión. Cuando no se cumplen, de manera inconsciente la mayoría de las veces se transmiten a la hija o hijo a modo de presión, haciéndoles sentir que son incapaces. Un ejemplo sería el de la madre o padre que quiere que su hijo sea futbolista o toque el piano y el niño no está dotado para eso. Cuando los padres ven frustradas esas expectativas, las transmiten a sus hijos, que sienten que son incapaces, que son tontos, que no valen. Todo esto les provoca gran falta de resiliencia.

Otro error común, que perjudica mucho la educación de una niña o de un niño, es que el padre o la madre no lleguen a aceptar del todo como es: por ser muy hablador o por ser muy callado. O cuando tienen dos o tres y tienen más *feeling* con uno que con otro. Hay que hilar fino para no dejar a ningún hijo de lado y dar a todos el reconocimiento y cariño que necesitan.

No se puede educar sin comprender

Si tu hijo es ya adolescente, no tires la toalla. Todo se educa en niños y en adolescentes, también. Salvo que haya alguna psicopatología, los problemas de conducta suelen venir porque la forma en la que se ha educado a los hijos no ha dado el resultado que se esperaba. No quiero decir que se haga mal, sino que simplemente no ha dado los resultados esperados.

Incluso cuando hay una psicopatología tampoco hay que tirar la toalla. Algunos necesitan medicación, pero la medicación no educa. En efecto, hay un aspecto de nuestro hijo que ha de tratarse por los expertos, pero hay otro que es exclusivamente de los padres, sea la circunstancia que sea de nuestro hijo, y esa es la educación. Tenga lo que tenga, hay que educarlo de todos modos.

Yo tengo un hijo que tiene autismo y tengo un hijo autista educado. Aun siempre teniendo presente el problema, hay que educarlos. Así lo hemos hecho en casa: a mi hijo con autismo, mi mujer y yo le damos las herramientas para que no sea un autista de cristal. Él tiene que vivir en la vida y mi trabajo es enseñarle a hacerlo, no justificarle, excusarle o permitirle según qué cosas por su condición.

Recuerdo de muy pequeño, cuando apenas conocíamos la patología, que nos recomendaban que, cuando tuviese un calzado nuevo, como a los niños autistas no les gustan los cambios, lo dejásemos durante quince días a su vista para que fuese acostumbrándose y ya después probásemos a ponérselo. «Si no se las pone —añadían—, esperáis al día siguiente y, si no, dos, tres, cuatro días más». A mí me sorprendía mucho aquello; con lo rápido que crecían de niños, ¡al final no se las íbamos a poner!, me decía. Lo que finalmente decidimos fue lo siguiente: comprar el calzado y ponérselo con mucha paciencia, sin enfadarnos, entendiendo que se lo iba a quitar. No olvidaré la imagen que tantas veces vivimos de ir paseando con él sentado en su sillita, en cien metros se quitaba las zapatillas ochenta y tres veces y las ochenta y tres veces nos agachábamos a ponérselas con cariño y paciencia. Así ha ido aprendiendo con los años y ahora es él el que quiere las zapatillas nuevas.

Tenga el problema que tenga, seamos conscientes de sus limitaciones, pero no caigamos en el error de etiquetarlos como «pobrecito» y excusarles o justificarles. Nuestros hijos, fieles a nuestras palabras, van a ser lo que les digamos que son: buenos o malos, esforzados o perezosos, torpes o hábiles. Las etiquetas, para la ropa.

Lo importante es comprenderlos. No podemos educar si no les comprendemos. Eso es algo que explico a las familias que vienen a mi consulta de asesoría familiar. Yo les digo: «Tengo un hijo que tiene autismo, ¿crees que me enfado con él porque haga cosas de autista?». Todos me responden que no. Y añado: «Entonces, ¿por qué te enfadas con tu hijo Manuel porque haga cosas de Manuel o con tu hija Lucía porque haga cosas de Lucía?». Es importante entender el origen de sus problemas de comportamiento. El objetivo de un hijo con problemas de comportamiento no es amargar la vida a los padres, os recuerdo. No son malos. Se comportan mal porque tienen un problema y no saben comportarse de otra manera. Se sienten mal, peor que los padres. Tengo un hijo autista; tengo un hijo autista educado.

Tengo un hijo autista; tengo un hijo autista educado. Aun teniendo presente el problema, hay que educarlos. Él tiene que vivir en la vida, y mi trabajo es enseñarle a hacerlo siempre teniendo en cuenta su individualidad y condición sin necesidad de justificarle o excusarle.

Paciencia, cariño y constancia, no desfallecer nunca, son las claves. ¿Qué suele ocurrir cuando un hijo te está generando problemas o mucha tensión? A veces, cuando estamos muy cansados o desbordados, en ocasiones ocurre que cedemos por comprar la paz. ¿Qué quiero decir con esto? Sabes que, si le dices no a algo, te puede montar un pollo. Entonces acabas cediendo para evitarlo porque en ese momento no estás con las fuerzas suficientes para afrontarlo; es decir, cedes por comprar la paz. Qué ocurre: si cedes, el problema es que, al día siguiente, cuando no cedas, te va a generar un problema. Por eso es importante tener claro que, aun entendiendo que es normal que en alguna ocasión debido a una situación particular se ceda, no lo debemos hacer como norma. Hemos de procurar mantenernos firmes porque esto al hijo le va a dar seguridad y va a saber a qué atenerse. Esto va a evitar pollos o conflictos después. De hecho, no ceder en ese momento concreto va a hacer que cada día tengas que ceder menos y va a reducir el número de conflictos. Ceder a sus pretensiones es educarlos en Disney; eso no es la vida. Recordemos que poner un límite es ayudarle a frenarse y a controlar sus impulsos y lo ponemos porque consideramos que es lo mejor para ellos. Cuanto antes empecemos a poner los límites, mejor. Con cinco o seis años serán más moldeables que con doce, catorce o dieciséis, aunque también se puede hacer a esa edad. Puede ocurrir que el fijar un límite nuevo genere algún enfado en el niño. En función de la situación, estos enfados pueden llegar a ser intensos, pero, si nos mantenemos, al final lo aceptarán. Un ejemplo claro es la regulación del uso de móvil, que no se ha de usar en la mesa o en la cama (más adelante hablaremos de normas y de nuevas tecnologías). Hay un proceso de adaptación, sí, pero si se es constante, os aseguro que se consigue. Así que, padres, madres, no desistáis porque se puede. Cuando se pone un límite no es para fastidiar, simplemente lo hacemos porque consideramos que es lo más adecuado para ellos en ese momento.

Apuntes clave

- La felicidad es, según define el doctor Daniel López Rosetti, «bienestar subjetivo percibido» y depende de cuán alineadas están nuestras expectativas con la realidad; es decir, no depende de lo que poseemos, sino de la diferencia entre lo que tenemos y lo que deseamos. Para ver felices a los hijos, se les suele dar lo que desean, satisfaciendo su felicidad instantánea o falsa, pero esto incrementa sus pretensiones y no fomenta su bienestar emocional.

- La resiliencia es la capacidad de adaptarse, afrontar las dificultades y recuperarse de desafíos. Los niños que desde la infancia integran herramientas para superar los problemas se convierten en adultos resilientes, mientras que la falta de resiliencia puede generar problemas emocionales y dificultades para enfrentar cambios.

- En los adolescentes poco resilientes suelen primar los sentimientos de culpa. La falta de perdón hacia sí mismos puede derivar en trastornos emocionales. Enseñar a gestionar los errores y el perdón y trabajar la humildad desde la infancia fomenta la resiliencia y la salud emocional. Todos cometemos errores, lo importante es gestionarlos desde la resiliencia.

- Según el psicólogo Claude Steiner, todos necesitamos reconocimiento emocional. En su ausencia, las personas buscan atención, incluso negativa, lo que explica comportamientos como la rebeldía en adolescentes para llamar la atención de padres ausentes. La rebelión no es más que una forma descarada de llamar la atención, es un «antes que ignorarme, pégame».

- El temperamento es innato, mientras que el carácter se moldea con la educación y las experiencias. La personalidad, el modo de actuar o poner en práctica la forma de ser, es la suma del carácter y el comportamiento. Aunque el temperamento no cambia, se puede educar para manejarlo y desarrollar una personalidad equilibrada. Lo que marca la diferencia en un niño o un adolescente es su educación, no su temperamento.

- Las expectativas excesivas de los padres pueden convertirse en presión para los hijos, afectando su autoestima y resiliencia. Es fundamental aceptar y comprender a los hijos como son, sin comparaciones ni etiquetas.
- Educar requiere comprender el origen de los problemas de los hijos, evitando juzgarlos. No podemos educar si no los comprendemos. A los padres que vienen a mi consulta de asesoría familiar, les digo: «Tengo un hijo que tiene autismo, ¿crees que me enfado con él porque haga cosas de autista? Entonces, ¿por qué te enfadas con tu hijo Manuel porque haga cosas de Manuel?». Se comportan mal porque tienen un problema y no saben expresarlo de otra manera, pero también se sienten mal. Es importante comprenderlos, entender el origen de sus problemas de comportamiento.

3.
Autonomía e iniciativa.
Cómo potenciarlas y ¡cómo no!

A menudo damos a los niños respuestas que
recordar en lugar de problemas a resolver.

ROGER LEWIN

Una familia viene a consulta. Son un padre y una madre
con un niño de seis años y una niña de cuatro. Hacía unos
meses, ante las vacaciones escolares, se habían planteado que
sus hijos fuesen a un campamento de día. Como los padres
no querían coartar la libertad de los niños, decidieron explicarles los pros y los contras de ir a esa escuela de verano
para que fuesen ellos mismos los que decidiesen qué hacer.
Los niños lo tuvieron claro: se quedaban en casa. La decisión repercutió sobre la madre, que fue la que se quedó cui-
dándoles. Al final del verano, había una madre desbordada,
unos niños sin normas y mal comportamiento y un clima
familiar muy negativo con unos padres que habían perdido
la autoridad.

En las páginas anteriores hemos visto la importancia de

que los niños vayan actuando con autonomía y siendo responsables de sus decisiones y consecuencias, pero siempre en función de su edad. No se les puede pedir a un niño de seis años y una niña de cuatro que decidan sobre cuestiones como dónde pasan sus vacaciones escolares. Por mucha libertad que queramos darles, eso nos toca a los padres, que, en principio, vamos a decidir lo que consideramos que es mejor para ellos dentro de la logística familiar. En estas decisiones he visto también mucho sentimiento de culpabilidad en los padres. Muchas veces, dentro de esa logística familiar, los progenitores tienen que hacer elecciones de las que no están convencidos, quizá porque piensan que no es lo ideal para sus hijos, pero lo hacen porque no queda otro remedio. La vida no siempre nos da las mejores opciones para elegir, aceptémoslo, y a partir de esa aceptación tengamos muy presente que los padres, en principio, siempre vamos a decidir lo que consideramos que es mejor para nuestros hijos dentro de nuestras posibilidades.

Confiad en vosotros como madres y padres. Trabajemos por desterrar ese sentimiento de culpa tan común que experimentamos los padres. Muchos estudios lo abordan. Uno de ellos, *The Parenting Index*,[3] realizado en 2022, revelaba que en España casi el 40 % de las madres y padres se sienten culpables en la crianza de sus hijos, en muchas ocasiones por factores como la gestión del tiempo y la sensación de fracaso. Otro realizado por BBK Family[4] y publicado en 2021 analizaba cómo las expectativas poco realistas, influenciadas por las redes sociales y los medios de comunicación, pueden generar sentimientos de culpa en los padres.

Debemos darle a nuestros hijos autonomía para que vayan siendo independientes y responsables, pero debe ser una autonomía en función de su edad y madurez. Hay decisiones que no pueden tomar ellos por mucha libertad que queramos darles.

Comparativas y expectativas son grandes enemigos de la felicidad

En este campo, entran en juego los miedos a equivocarnos y las dudas sobre qué dejarles hacer según qué edad. Por ejemplo, qué decisiones dejo que tome mi hijo de cinco años. Para potenciar su autonomía, podrá hacer elecciones que le permite la madurez de un niño de cinco años, como escoger el juguete que le guste en ese momento, llevar la ropa sucia al cubo, poner y recoger su plato o tomar pequeñas responsabilidades.

Parece sencillo, pero lo cierto es que a veces lo más sencillo puede ser muy complicado en una sociedad tan cambiante. Tenemos mucha información, no siempre adecuada. A veces nos sentimos juzgados por cómo educamos e intentamos compararnos con lo que nos cuentan otras familias, leemos o vemos en las redes sociales, y eso nos puede hacer dudar de si lo estamos haciendo bien o mal.

Otro condicionante es ver lo que hacen los demás. Esto

nos hace replantearnos lo que hacemos nosotros con nuestro hijo. Las dudas pueden surgir tanto en lo material como en lo inmaterial. A veces, podemos no considerar adecuado que nuestro hijo tenga algo que tiene otro, como por ejemplo el último modelo de móvil, y eso nos hace dudar de si lo estamos haciendo bien o no en el aspecto material. O nos hace dudar de si la forma que estamos actuando está bien en el aspecto inmaterial.

Hoy día tenemos tanta información, no siempre certera, y nos comparamos tanto, a menudo con la imagen falsa que nos dan las redes sociales, que el miedo a fallar como padres y las dudas constantes es muy habitual, lo que nos nubla el sentido común.

El problema es que, cuando van creciendo, se van dando cuenta de que no siempre pueden tener o hacer lo que quieren. Si no aprenden esto, de mayores van a surgir muy posiblemente problemas. Se ve muy claro en casos como la persona ya adulta que de niña o niño se acostumbró a tener cuanto quería y ahora ya con un sueldo no llega a fin de mes porque quiere tener más de lo que puede. Sigue los patrones de su infancia, en la que fue criada en una expectativa que no era real.

Para educar en el ámbito de la autonomía, hemos de tener expectativas reales. Comparativas y expectativas son grandes enemigos de la felicidad de hijos... y padres.

La receta es muy simple: dar a los niños la autonomía

que puedan asumir por edad y madurez. El ingrediente imprescindible para decidirnos y guiarnos es el sentido común. Tengo la certeza de que los padres poseemos, por lo general, un sentido común desarrollado, pero en ocasiones no lo utilizamos porque tenemos esos otros condicionantes que impiden que lo apliquemos. El sentido común desaparece en el momento en el que nos dejamos guiar por una expectativa irreal.

Cuando educamos en dirección contraria a como fuimos educados

El buen criterio se nos nubla también cuando nos afecta cómo nos educaron a nosotros. Me explico: sin duda, somos quienes somos por la educación que recibimos. Esa educación nos ha influido en nuestra forma de estar en la vida y así como somos educaremos a nuestros hijos.

Sin embargo, hay personas que ofrecen a sus hijos lo opuesto a lo que recibieron ellos por querer huir de aquello en lo que fueron educados. He escuchado a numerosas madres y padres expresar que, como no tuvieron nada de niños, quieren que sus hijos tengan de todo o, como no se sintieron atendidos de niños y tienen la sensación de que se criaron solos, quieren volcarse en sus hijos tanto que es desmedido.

Hay otros condicionantes más severos, como cuando el uso de violencia contra niños. Quienes lo padecieron, no quieren que sus hijos sufran lo que ellos sufrieron y se van al lado opuesto, cediendo también en exceso. Todas estas conductas, que vienen de la mejor intención de los padres, dificultan la autonomía de los niños y su capacidad de tomar decisiones. Como avanzaba, estas mochilas que llevamos influyen, más allá de la educación, en el sentido común. Un padre o una madre pueden tener mucho sentido común, pero si lo pasaron muy mal durante su infancia en algunos aspectos, con tal de que su hijo no sufra, se les va a nublar.

Hay madres y padres que dan a sus hijos la educación opuesta a la que recibieron por querer huir de aquello que recibieron en su infancia. Si no tuvieron nada, les dan todo a sus hijos; si sienten que se criaron solos, les dan una atención desmedida.

¿Cómo discernir el camino más apropiado? Cuando los padres me plantean que no saben si lo están haciendo bien, soy consciente de que ya creen estar haciéndolo mal. ¿Qué es lo que debemos hacer? Lo que creamos que es lo mejor para nuestro hijo o hija bajo nuestro criterio.

Para educar en la autonomía podemos proponernos metas de aquello que nuestro hijo es capaz de hacer o no según su edad. Mr. Google nos puede servir de referencia. Hay listas de aquello que deben hacer según su edad para todas las edades. No hay que cumplir todos los pasos de la lista, dependerá de la madurez del niño y de la educación de los padres, pero sí pueden servir para orientar. Y, por encima de todo, recordad, el sentido común.

Para hacer tienen que saber.
Primero, conocimiento; después, hábito

Otro error común que solemos cometer en la autonomía es pretender que, por arte de magia, sepan hacer las cosas sin habérselo explicado o habiéndolo hecho una sola vez. Primero hace falta conocimiento; es decir, primero tienen que saber poner el microondas o el lavavajillas o lo que vayamos a pedirles y segundo tienen que ir cogiendo el hábito.

Igual que tienen que saber poner el microondas o el lavavajillas, tienen que saber estudiar. A veces, les acompañamos desde muy pequeños haciendo los deberes sentados junto a ellos, ayudándoles, controlándolos, preguntándoles la lección, hasta que llegan a 1º de ESO y la tutora o el tutor nos recomienda que hagan los deberes y estudien solos. ¿Qué ocurre? Que no saben hacerlo, no han aprendido a hacerlo solos, no tienen el hábito. Necesitan de una persona a su lado para poder estudiar.

Para que cojan autonomía en los estudios, tenemos que ir soltándolos poco a poco. Primero, podemos estar a su lado, pero le pedimos que haga él sus deberes; después, le resolvemos las dudas que tenga y nos marchamos, pidiéndole que nos llame cuando acabe y así vamos alargando los espacios hasta que sea capaz de hacer sus deberes solo durante mucho tiempo. Recordad que es necesario un proceso y, según la edad, puede tardar más o menos.

El reto del pantalón

Os propongo un reto: poneros los pantalones con la pierna contraria a la que lo hacéis habitualmente y hacerlo como hábito. Podéis empezar hoy mismo al poneros el pijama. Hacedlo en la cama porque, al no tener costumbre, es fácil que perdáis el equilibrio. La propuesta es que, si normalmente os los ponéis metiendo primero la pierna izquierda, os los pongáis empezando por la derecha y viceversa. Para convertirlo en hábito, tendréis que hacerlo todos los días. Los primeros lo tendréis presente y estaréis atentos para hacerlo como os habéis comprometido, pero el día que vayáis con prisa, no pensaréis y lo haréis como lo hacíais antes, porque adquirir un hábito requiere de mucha concentración. Al niño le pasa lo mismo. Cuando realiza una tarea dos días, pero al tercero no, no lo hace por desobedecer, sino porque ha actuado en automático. No nos enfademos, recordémosles su responsabilidad el número de veces que haga falta ¡y con cariño!

Constancia vs. retroceso

Algo que puede ocurrir en el camino constante de la educación es el retroceso. ¿A qué me refiero? Seguro que os suena: iniciamos un hábito, de los que les cuesta hacer, para que ganen en autonomía en cualquier ámbito, desde cepillarse los dientes solos hasta estudiar. Un día, por cualquier circunstancia, aceptamos que no lo haga. Esto puede llevar en algunas situaciones a tener que empezar desde cero, por lo que en ese caso todo lo que se hubiera avanzado se ha de volver a comenzar.

Es algo a lo que los padres tenemos que estar muy atentos porque, aunque a menudo tenemos claro que deben hacer los deberes ellos solos, también a menudo terminamos ayudándoles ¡e incluso haciéndoselos! En cuanto no consiguen dar con la solución, solemos encontrar rápidamente excusas para caer en el error de hacérselos, excusas como «se le va a hacer muy tarde», «tiene demasiado», «está cansado» o «no llega a las extraescolares».

Una vez que nos pongamos unas metas o adquiramos unas pautas, tenemos que mantenernos en esa actitud para ayudarles a adquirir las herramientas necesarias para conseguir autonomía en la resolución de problemas, ya sean tangibles o emocionales. No podemos caer en la trampa de ayudarles siempre a salvar todos sus obstáculos. En ocasiones, es preferible dejar que se equivoquen a la hora de solucionar ese problema que no hacérselo nosotros.

Nuestros hijos enseguida pillan nuestros puntos débiles y saben cómo vamos a actuar según cómo nos digan o hagan las cosas. Si cedemos, estaremos amoldando un niño que no va a aprender a resolver problemas. Al final, se hace una pelota que no hace más que crecer ya que se acomoda y está esperando a que se lo solucionemos.

En este camino erróneo de querer ayudarles, algunas mamás o papás pueden ir a hablar con los profesores para resolver cualquier tipo de situación, profesores de todas las etapas: primaria, secundaria, bachillerato e incluso universidad. Una profesora de tercero de Derecho de una universidad de Madrid me comentaba que los padres a veces iban a reclamar notas de los alumnos. ¡No me puedo imaginar, cuando ese hijo sea ya un profesional, un abogado, que vayan los padres a hablar con el juez para pedirle que dé la sentencia a favor de su hijo, que lo ha defendido muy bien!

Para guiarlos en el camino de la autonomía, ante cualquier problema que tengan, la mejor acción que podemos llevar a cabo es hablar con ellos, escucharles, comprenderles y dar nuestro punto de vista, pero sin decirles lo que tienen que hacer. De esta manera, aprenderán a tomar sus propias decisiones, siempre, vuelvo a insistir, en función de su edad, madurez y dentro del sentido común, sean pequeños o adolescentes. No nos cobijemos tampoco en el «pobrecito» por la edad. Un niño de cinco años ya puede resolver solo una serie de conflictos y a eso debemos incitarles, a ganar esa autonomía.

**Una profesora de Derecho me comentaba
que los padres a veces iban a la universidad a reclamar
notas de los alumnos. ¡No me puedo imaginar
a esos padres en un futuro hablando con el juez para
pedirle que dé la sentencia a favor de su hijo,
que lo ha defendido muy bien!**

A veces se confunde autonomía con darles a tomar decisiones que no les corresponden, y eso es perjudicial para ellos.

Conozco el caso de unos padres con una niña de tres años que, cuando van a quedar con unos amigos, antes de confirmarles si van a poder ir, preguntan a la hija qué le apetece y en función de lo que quiera hacen unos planes u otros. No me cabe duda de que los padres lo hacen, teóricamente, por el bienestar de la niña. Pero eso, además, de convertirse en una tiranía de la niña sobre los padres, tiene otra consecuencia. Se pudo ver en este mismo caso. Un día le preguntaron qué quería hacer y se puso a llorar. «¿Qué te pasa?», le preguntaron. «Es que no sé qué elegir», contestó. La pequeña estaba con muchísimo estrés porque le estaban dando a tomar decisiones que no le tocaban a su edad. Recordad la importancia de darles autonomía, pero bien utilizada.

Cuando su hábito es «hasta que no me lo digan, no lo hago»

De la mano de la autonomía está la iniciativa. Los niños necesitan tenerla para crecer como personas. Y también está en manos de los padres educarlos en la capacidad de tener iniciativa.

Mi mejor amigo tiene una empresa. Contrató a un chaval para el almacén y el primer día le pidió que organizara las mangueras en las estanterías en función de los diámetros, mostrándole cómo estaban ordenadas desde la más pequeña hasta la de más tamaño. En un lateral había unos bidones para meter todos los plásticos sobrantes y cinchas. Cuando volvió, el chico había ordenado las mangueras, pero todos los plásticos se habían quedado en el suelo. Al preguntarle por qué no había terminado el trabajo, le respondió: «Como no me has dicho nada...». Eso es algo que estamos generando los padres, es habitual encontrarte con chavales a quienes tienes que ir diciendo todo lo que tienen que hacer.

Es importante dejarles que tomen iniciativas desde niños, con medida, pero que las tomen, no que escuchen todo el rato lo que tienen que hacer y engullan sin masticar. Lleva la ropa al cubo, apaga la luz, recoge... Nos pasamos el día haciendo esto, yendo detrás de ellos. Hay chicas y chicos que no cogen hábitos porque el hábito que han adquirido es que se lo tienen que decir para hacerlo. Esto no genera autonomía, sino todo lo contrario.

Muchas veces nos ocurre a los padres que, por el miedo que tenemos a que nuestros hijos se equivoquen, fracasen, sufran o les pongan una mala nota, se lo gestionamos nosotros para evitárselo. La mejor forma de aprender autonomía, iniciativa y ser resiliente es que nos pasen cosas. Cuando nos van sucediendo cosas en la vida es cuando aprendemos. La experiencia enseña, no se la robemos.

Si continuamente les decimos lo que tienen que hacer, el hábito que adquieren es esperar a que se les diga lo que tienen que hacer. Crecen sin ningún tipo de iniciativa.

La mejor forma de educarlos, y de que ellos estén bien, es ponerles responsabilidades. Ellos deben conocer las normas familiares y deben saber también que, si no las llevan a cabo, ocurrirá algo, habrá una consecuencia. Por ejemplo, en vez de decirle todos los días «lleva tu plato y tu cubierto a la mesa», debe saber que es una norma en el hogar y que, si no lo hace, habrá una consecuencia. Imaginad, la escena podría ser así: a la hora acordada, los miembros de la familia se sientan a la mesa y se sirven su comida. Cuando el niño o la niña llegue y vea que no tiene nada que comer, será él el que vaya a por su plato y sus cubiertos. De esta forma, irá ganando autonomía. Sin embargo, si todos los días tenemos que decirle que lo haga, el hábito que adquiere es esperar a que se le diga. Como consecuencia, cuando esté fuera y sea mayor, no va a ser capaz de tomar iniciativa. A este respecto, Mark Twain decía una frase que me encanta: «Las buenas decisiones vienen de la experiencia, pero la experiencia viene de las malas decisiones».

Consecuencias y castigos NO son lo mismo

Sobre las consecuencias, aunque ya hablé sobre ellas en mi anterior libro, *Tu mejor versión como padre*, incido porque son uno de los pilares de la educación. ¿Consecuencias y castigos son lo mismo? Es una pregunta muy habitual que me hacen padres y madres. No, no son lo mismo.

Una consecuencia es el resultado natural de una acción

concreta y está directamente relacionada con una norma incumplida; es decir, su objetivo es hacer que se cumpla la norma. Su finalidad no es hacer sufrir al hijo, sino ayudarle a entender la importancia de respetar ciertos límites, a asumir responsabilidades o a cumplir algo que tengan que hacer. Las consecuencias deben ser incómodas o poco gratificantes, pero nunca dolorosas ni, por supuesto, humillantes.

El siguiente ejemplo es muy clarificador. Unos padres daban a sus dos hijos dos euros cada viernes para que se comprasen chuches. Uno de los niños rompió un objeto que sabía que no debía tocar, por lo que tuvo una consecuencia: le descontarían un euro durante cuatro viernes. Con ese dinero, cuatro euros, no se iba a poder pagar lo que había roto, pero era algo simbólico. El niño veía que, tras su comportamiento inadecuado, había una consecuencia. Seguía teniendo chuches, así que no era dolorosa, pero su hermano tenía el doble, por lo que sí era poco gratificante. Cuando ese niño sea mayor sabrá asumir responsabilidades y no echará la culpa a los demás.

Los castigos, por el contrario, suelen surgir en momentos de enfado o frustración y rara vez se aplican con coherencia, si es que se aplican. ¿Os suena esto de «te quedas sin móvil dos meses» y, al final, esos dos meses se convierten en dos días?

Los castigos no educan. Además de ineficaces, porque son la peor forma de intentar enseñar algo, dañan la autoestima de los niños y adolescentes, y generan sentimientos de injusticia o rabia. Lejos de corregir el comportamiento, pueden agravarlo. Estamos trabajando con un material muy frágil y a veces estas maneras de actuar afectan más de lo que creemos.

Las consecuencias deben ser incómodas o poco gratificantes, pero nunca dolorosas ni, por supuesto, humillantes. Su objetivo es conseguir que el hijo asuma su responsabilidad, no fastidiarle.

Para poner una norma con su correspondiente consecuencia, lo primero que debemos hacer es explicar claramente a los hijos qué se espera de ellos y tener claro que han entendido el mensaje. De lo contrario, sentirán que reciben un castigo o una consecuencia injusta.

En el caso de que no se haya explicado claramente o sea la primera vez que se equivocan, es conveniente hablar con ellos y explicarles de nuevo qué actitud han de reconducir. La equivocación forma parte natural del proceso de aprendizaje. Después de la primera experiencia errónea que han tenido, les será más fácil aprenderlo.

Tengamos presente que los niños no pueden leer nuestra mente ni anticipar lo que esperamos de ellos, no tienen una bola de cristal para adivinar lo que pensamos los adultos. Por ello, se ha de ser claro a la hora de explicarles las cosas y asegurarnos de que las entienden. Aprenden a través del ensayo-error y, por supuesto, también de las experiencias positivas. Si reforzamos y valoramos lo que hacen bien, no solo lo interiorizarán más rápido, sino que querrán repetirlo. Por eso, darles la oportunidad de equivocarse y rectificar, además de reconocer sus aciertos, es clave para educar con respeto y eficacia.

Una consecuencia nunca debe ser una amenaza. Los padres tienen la creencia errónea de que los chicos tienen que hacer las cosas porque las tienen que hacer, pero los seres humanos no funcionamos así. Ocurre también en los adultos. Algunas personas van por la autovía a 120 kilómetros por hora no porque sean responsables, sino porque hay radares y multan.

A los chavales se lo explico comparando la vida con las normas que hay en un campo de fútbol. El fútbol tiene unas reglas. Si todos cumpliéramos, no habría faltas ni sería necesario un árbitro, pero no es así: son indispensables unas normas, unas reglas, no para fastidiar, sino para tener una guía con la que todos tengamos claro qué debemos hacer y qué no.

El árbitro es el que decide si no se han cumplido las normas. ¿Que se equivoca? Sí, claro, a veces le ocurre, pero por lo general su intención no es equivocarse, sino hacerlo lo mejor posible, sobre todo cuando ese árbitro es un padre o una madre que quiere lo mejor para sus hijos. Las normas, por tanto, son para saber a qué atenerse. Y son necesarias en todos los estamentos de la vida, en todos los ámbitos, para que todo funcione correctamente.

Me viene a la memoria el caso de un alumno que, en sus prácticas laborales, le tocó trabajar en una empresa en la que el primer día le explicaron las normas que tenían. Entre ellas, le comentaron que entraban a trabajar a las ocho y que a las nueve de la mañana tendría media hora para desayunar. El chaval paraba a las nueve, como le habían dicho, pero no desayunaba porque no tenía hambre, y luego, a las once, paraba de nuevo esta vez sí para tomarse el bocadillo. Le recriminaron su actitud varias veces, explicándole la norma, pero no la comprendía. Si no tenía hambre a las nueve y sí a las once, ¿por qué no iba a comer a esa hora? Terminaron echándole.

Es fundamental que les enseñemos a cumplir normas desde niños, lo necesitarán para su crecimiento y evolución en todas las etapas de la vida. Las normas, además, les hacen saber a qué atenerse, les generan seguridad, algo muy necesario en nuestros hijos, que a menudo son inseguros, y esa seguridad genera tranquilidad. Y esa tranquilidad, esa falta de incertidumbre, les hace estar mejor emocionalmente, porque estar alerta genera estrés, el estrés genera cortisol y el cortisol, mayor irritabilidad.

Las consecuencias les ayudan a tomar sus propias decisiones

Cuando hay normas claras y se conocen las consecuencias de no cumplirlas, los niños tienen libertad para tomar sus propias decisiones. Si no eligen bien, aprenderán a asumir la responsabilidad de sus actos, y esa es una lección fundamental para enfrentarse a las situaciones reales de la vida. Las consecuencias no tienen que ponerlas la madre ni el padre, puede ser algo consensuado con ellos, así, cuando incumplan las normas, no podrán recurrir al clásico «es culpa de mi madre o mi padre, que me quieren fastidiar».

Nuestro deber es guiarlos desde pequeños para que consigan su autonomía. Sin embargo, a veces no se hace. Si nuestro hijo se deja el bocadillo por la mañana, cuando su responsabilidad es acordarse de ello, no corramos a llevárselo al colegio. La consecuencia natural será que va a pasar hambre y ese día se comerá las judías verdes como si fueran macarrones. Además, no volverá a dejarse el bocadillo. Este es el objetivo de la acción, no hacerle pasar hambre, sino que gane en responsabilidad y autonomía.

Dicho esto, no se puede educar a base de consecuencias. La consecuencia es un recurso que se puede utilizar en alguna ocasión, pero si se han de poner muchas consecuencias hay algo que no está funcionando y hemos de buscar otra alternativa o ayuda externa.

Impulsividad de los 0... a los 100 años

Cariño, paciencia y comprensión necesitaremos para explicarles las normas y las consecuencias cada vez que sea necesario. En realidad, a todos nos pasa. Todos somos conscientes de las normas de la sociedad, pero si no hubiera cierto control, a veces no las cumpliríamos. ¿Porque somos mala gente? ¿Porque queremos ser rebeldes? No, somos así. Siempre que hacemos algo tenemos un motivo y en los niños y adolescentes, sobre todo, prima, además, por el desarrollo de su cerebro, la impulsividad.

Son más impulsivos y en ellos prevalece el deseo de satisfacción inmediata. Lo que quieren lo quieren ya. Muchas de sus acciones las hacen de modo emocional: ¿por qué dejar el móvil o dejar de jugar para ir a hacer algo que no les apetece? Un niño está regido por deseo y satisfacción inmediata; es decir, lo que quiero lo quiero ahora. En esos momentos, hablamos idiomas distintos; nosotros queremos una cosa y ellos otra.

En realidad, sin embargo, también a nosotros nos ocurre. Si voy al concesionario a comprar un coche y veo al lado otro modelo mucho más estético y potente por seis mil euros más y el comercial, sabiendo que soy padre, me dice que es un coche mucho más seguro, me está vendiendo la excusa perfecta para comprarlo. No tengo esos seis mil euros, pero ya pensaré cómo conseguirlos. Al final, caemos en la tentación y en el fondo no es por la excusa de la seguridad, sino porque el coche nos ha encantado.

Un niño y un adolescente hacen lo mismo. Cuando hacen algo que no deben e incumplen una norma, no lo hacen por fastidiar, sino porque su decisión es emocional. El que haya unas consecuencias también ayuda a evitar tomar decisiones de modo emocional. Se podrán autojustificar lo que sea, pero si no cumplen, habrá consecuencias. De las emociones hablamos en el capítulo siguiente.

Apuntes clave

- Educar a los niños en su autonomía es fundamental, pero siempre ha de hacerse en función de su capacidad y desarrollo, evitando dejarles decisiones que no les corresponden, ya que eso puede generarles estrés y malos hábitos.
- El sentimiento de culpa y el miedo a fallar como padres es muy habitual en la sociedad actual. Estar expuestos a mucha información, a veces poco certera, compararse con otros padres o ceder a presiones externas, como las redes sociales o el entorno, puede nublar el sentido común, guía imprescindible en la educación.
- Algunos padres educan a sus hijos de manera opuesta a como fueron educados, lo que puede generar problemas de autonomía, ya que tienden a sobreproteger o ceder en exceso.
- Para desarrollar autonomía, los niños deben adquirir desde pequeños hábitos que se consiguen a través de las rutinas, explicadas con cariño y paciencia. No caigamos en el error de pretender que sepan hacer las cosas sin habérselo explicado o habiéndolo hecho una sola vez.
- Las consecuencias, relacionadas con las normas, buscan enseñar responsabilidad sin causar daño o humillación, por lo que deben ser incómodas, pero

no dolorosas ni amenazantes. Los castigos, por el contrario, suelen ser impulsivos y muy poco efectivos.

• Establecer normas claras y consecuencias ayuda a los niños a sentirse seguros, a regular su comportamiento y a tomar decisiones con responsabilidad. Además, tener bien integradas las normas y saber a qué se atienen fomenta su iniciativa sin depender de instrucciones constantes.

4.
Cómo hacer de GPS emocional para tus hijos: acompañar, nombrar y aceptar

La inteligencia emocional no es lo opuesto
a la inteligencia, no es el triunfo del corazón
sobre la cabeza, es la intersección de ambas.

DAVID R. CARUSO

Una emoción es la respuesta INVOLUNTARIA que da el cerebro ante una situación concreta, y remarco involuntaria, porque no se puede evitar. Ante una situación buena o mala no puedo evitar la tristeza ni el enfado ni la alegría ni la sorpresa.

La metáfora del mensajero

Para entenderlo, os comparto la conocida como metáfora del mensajero, de Gonzalo Hervás, profesor de la facultad de Psicología de la Universidad Complutense de Madrid, experto en psicología positiva, psicología clínica y regulación emocional: Nuestro cuerpo funciona como una compañía de logística perfectamente organizada. Nos envía mensajes constantemente, no para incomodarnos, sino con una finalidad positiva.

Imagina que hay un mensajero encargado de entregarte paquetes con instrucciones claras de su empresa: «Debes hacer llegar estos mensajes al destinatario de forma puntual y asegurarte de que los reciba. Si no, podrías perder tu empleo». La empresa es firme en su mandato, ya que la vida del destinatario podría depender de ello. Nuestro organismo, por su parte, no distingue si estamos enfrentando a un jefe exigente o a un león. Solo sabe que debe enviarnos miedo o agresividad, pues cree que estas emociones nos serán útiles en ese momento.

El mensajero empieza con entusiasmo, confiado en que abriremos los paquetes que trae. A veces, los envoltorios son de un color azul agradable; esos suelen ser bienvenidos, y los recibimos con alegría. Pero los paquetes con envoltorios rojos, que no nos gustan tanto, tienden a ser ignorados. Poco a poco, evitamos abrirle la puerta y los paquetes rojos empiezan a acumularse.

Al verse rechazado, el mensajero insiste cada vez más. Sus avisos son más ruidosos (nuestras emociones se intensifican cuanto más las evitamos). Si no consigue que lo atendamos durante el día, intentará entregarnos los paquetes por la noche, lo que se manifiesta como pesadillas o problemas de sueño. Si esto tampoco resulta, buscará métodos alternativos: lanzará los paquetes por la ventana (pensamientos repetitivos) o incluso recurrirá a medidas más drásticas, como golpear puertas o generar ruido ensordecedor. Estas estrategias pueden traducirse en molestias físicas como dolores, tensiones musculares o problemas en la piel.

Si finalmente logra irrumpir en nuestra vida, sentiremos que todo se desborda, que perdemos el control en el peor momento. Por otro lado, bloquear por completo la puerta para evitar al mensajero tampoco es una solución ideal. Esto no solo detiene los paquetes rojos, sino también los azules, privándonos de disfrute y energía positiva.

Sin embargo, hay algo fundamental que solemos olvidar: el mensajero no nos obliga a actuar de cierta manera. Aunque nos entregue un paquete lleno de agresividad, no significa que tengamos que dejarnos llevar por esa emoción y reaccionar de forma impulsiva. Su propósito es que leamos el mensaje, que entendamos su contenido y que decidamos cómo responder.

En resumen, la relación con el mensajero depende de nosotros. Si dejamos la puerta abierta y le recibimos con amabilidad, sus visitas serán más ligeras y sus mensajes menos intensos. Al final, nuestras emociones serán nuestras aliadas, no nuestras enemigas.

Todas las emociones, nos gusten o no, son nuestras aliadas, no nuestras enemigas. Debemos aprender a darles la bienvenida a todas, atenderlas y gestionarlas, y transmitirlo con nuestro ejemplo y acompañamiento a nuestros hijos.

El poeta místico del siglo XIII, Rumi, lo explica en esta poesía a la que recurro a menudo para hablar sobre el valor de atender a todas las emociones:

La casa de huéspedes

El ser humano es una casa de huéspedes.
Cada día una nueva visita, una alegría, una tristeza,
una decepción, una mezquindad,
cierta conciencia momentánea
llega como un visitante inesperado.
¡Dales la bienvenida y acógelos a todos!,
incluso si son una multitud de lamentos
que desvalija violentamente tu casa.
Aun así, trata a cada huésped honorablemente
pues puede estar creándote espacio
para un nuevo deleite.
Al pensamiento oscuro, a la vergüenza, a la malicia
recíbelos en tu puerta con una sonrisa
e invítalos a entrar.
Sé agradecido con quien quiera que venga
porque cada uno ha sido enviado
como una guía del más allá.

«Suena muy bonito, Fran, pero no es nada fácil», estaréis pensando. Gestionarlas cuando estamos en plena explosión emocional es, en efecto, imposible, pero ¿y si os digo que el secreto está en actuar antes? Resulta mucho más sencillo y es clave para niños, adolescentes ¡y adultos también!

Cómo controlar la intensidad de una emoción

Siempre cuento el ejemplo de que un día de San Valentín salí de mi despacho, que está a media hora de casa, tan contento pensando qué me habría comprado mi mujer y en ello tuve ocupada mi cabeza durante el trayecto en coche. Cuando llegué, mi mujer me hizo un regalo y me encantó. La emoción de alegría y sorpresa se dispararon. Sin embargo, si ese regalo me lo hubiese hecho cualquier otro día, al no esperarlo, las emociones hubiesen sido mucho más intensas.

Ocurre lo mismo con una emoción de las mal llamadas negativas, que yo llamo «emociones adaptativas». Podemos verlo bien con el ejemplo de una mascota: si se nos muere de forma accidental, supone un golpe emocional mucho más duro, la emoción va a ser mucho más intensa que si nuestra mascota está enferma y es algo que esperamos.

Este ejemplo me sirve para explicar lo importante que es, a la hora de trabajar las emociones con los hijos, prever situaciones para que esas emociones no sean tan intensas. Es imprescindible enseñar a nuestros hijos que las cosas no siempre son como ellos quieren. Así, cuando ocurra, no les sentará bien esa situación, pero no reaccionarán con una frustración desbocada, que es esa mezcla de ira, molestia y decepción. No lo harán, porque no lo sentirán de esta manera, ya que eran conscientes de que podía ocurrir.

Este es el primer paso fundamental, pero no nos podemos quedar ahí, debemos acompañar a nuestros hijos en su viaje por su mundo emocional y, para ello, debemos validar sus emociones. No las podemos negar y, desgraciadamente, lo hacemos mucho de manera inconsciente.

Negar es, por ejemplo, cuando el niño se enfada porque no va a ir al parque y le decimos: «No sé por qué te enfadas si sabías que no íbamos a ir». ¡Cómo no se va a enfadar si él quería ir al parque!, es normal que lo haga. No podemos negar que esté enfadado o triste ni podemos decirle que es una tontería que se ponga así. Recordemos: una emoción es una respuesta involuntaria y no la podemos evitar. Ellos tampoco.

Cómo validar una emoción

El primer paso para validar las emociones es, desde que son pequeños, mencionarlas, ponerles nombre, según las va teniendo: estás enfadado, triste o contento.

Este conocimiento le será muy beneficioso cuando tenga alguna de las emociones mal llamadas negativas y a las que llamo «emociones de defensa», ya que la emoción es una defensa del cerebro ante una situación para que nos adaptemos a ella, de lo contrario no seríamos seres racionales. Como dice Daniel López Rossetti: «No somos seres racionales, somos seres emocionales que razonan». Una emoción de defensa, si la conocemos porque ha sido validada por los padres o tutores, podremos gestionarla.

Otra forma de validarlas es mostrarles empatía ante su emoción. «Entiendo que estés triste, yo también lo estaría si me hubiera ocurrido esto». Así ellos sienten que no son los únicos a los que les ocurre eso.

Validemos las emociones de defensa, pero también las positivas, las que nos generan más felicidad. Estar atentos a ellas es también fundamental porque hay niños a los que les es muy difícil tener un control emocional, tienen mucho desorden emocional y expresan la felicidad, por ejemplo, descontrolados. En estos casos, debemos decirles algo como: «Entiendo que estés contento, cariño, pero no se puede saltar en el sofá».

Acompañar a nuestros hijos por su mundo emocional pasa por enseñarles a conocer sus emociones, ponerles nombre y validarlas, tanto las de defensa como las positivas. Conocerlas les ayudará a gestionarlas y les dará estabilidad emocional.

La teoría del cerebro triuno

Hay seis emociones básicas: ira, miedo, asco, tristeza, alegría y sorpresa. Y todas ellas deben trabajarse desde pequeños. A continuación, repasaremos una por una cómo hacerlo, pero antes quiero que conozcáis la teoría del cerebro triuno, que el neurólogo y psiquiatra Paul MacLean propuso en la década de los sesenta, y que cobra protagonismo en la educación porque reconoce la importancia de las emociones en el aprendizaje.

Según MacLean, el cerebro humano está compuesto por tres estructuras distintas que han ido desarrollándose morfológicamente a lo largo de la evolución de los mamíferos. Estas se corresponden con el cerebro reptiliano, el sistema límbico y el neocórtex. Funcionan de manera independiente, aunque están interconectadas y a veces entran en conflicto. Por ejemplo, el cerebro límbico actúa ante una emoción fuerte sin tener en cuenta la razón (neocórtex) u obviamos una necesidad biológica (cerebro reptiliano) por seguir una norma social (neocórtex).

- El **cerebro reptiliano** es la parte más primitiva o instintiva, responsable de comportamientos necesarios para la supervivencia. También está implicada en las emociones básicas, como el miedo, con el que responde ante estímulos externos.

- El **sistema límbico**, parte central del cerebro, regula las emociones, la memoria y el comportamiento, entre otras funciones.

- El **neocórtex**, en la capa exterior del cerebro, es la estructura más evolucionada y se encarga de las funciones más complejas, como el razonamiento y la toma de decisiones.

Conocer cómo funcionan los tres sistemas cerebrales, combinando lo cognitivo, lo emocional y lo vivencial, nos ayudará a entender mejor a nuestros hijos y comprender también que, cuando están en modo emocional, no razonan.

Cuando están en un pico de intensidad emocional, se generan dos hormonas: cortisol, la hormona asociada al estrés, y adrenalina. No nos molestemos en razonar con un cerebro bañado en cortisol y adrenalina. Es inviable. Debemos esperar y dejar que deje de generar esas hormonas.

Es sencillo verles cuando están en ese momento, aunque no nos lo quieran expresar. En esa respuesta involuntaria que es la emoción, el cerebro actúa sobre los músculos faciales de la cara de manera innata, no lo puede controlar. Incluso a una persona ciega de nacimiento se le notará cuando esté enfadada, no es por imitación. Por eso, se dice que las emociones tienen cara. Es más fácil averiguar una emoción a nuestra hija o nuestro hijo por la cara que tiene que por lo que nos cuente.

Y ahora sí, vamos con las emociones básicas.

Las seis emociones básicas

1. **Ira.** Cuando llego a casa y veo la cara de mi hijo adolescente, ya sé cómo está. Según le vea, actúo de una manera u otra. Os aseguro que, si veo ira, no me meto porque no vamos a ganar nada ninguno. He de esperar a que se le pase, no puedo intervenir en ese momento.

La respuesta de los padres ante la ira dependerá del carácter de los hijos, de ahí la importancia de conocerle. Habrá niños o adolescentes que, cuando estén enfadados, necesiten un abrazo; otros que, simplemente, estés a su lado, y otros que les des espacio. También habrá niños, y eso ocurre en todas las emociones, que se le pasará su estado en cinco minutos y otros estarán así hasta el día siguiente. Por otro lado, hay niños que, ante su ira, quieren hacerse daño o hacer daño. En este caso, tenemos que hacer de contención. Cuando ocurran estas situaciones, en vez de decirles «no pegues», la frase más adecuada sería «mamá o papá no se deja pegar». Será más beneficiosa que la primera porque no se está poniendo el foco en él.

2. **Tristeza.** En este caso, los niños y adolescentes necesitan acompañamiento y comprensión, no que se les diga que «no pasa nada, no te preocupes», porque él está mal.

Igualmente, como avanzaba en la ira, nuestra actuación también dependerá del niño: unos necesitarán espacio y otros, muestras de ternura, por ejemplo, llevándoles un zumo o su peluche, siempre con comprensión y paciencia para darles el tiempo necesario para que esa emoción se pase.

3. **Miedo.** El miedo es un sistema de protección. No podemos decir a los niños que son unos miedicas, sino acompañarlos en esa emoción y transmitirles con tiempo y paciencia a qué se puede tener miedo y a qué no. Por ejemplo, si tienen miedo a los perros, los acompañaremos para que los acaricien poco a poco hasta que se vayan acostumbrado a ellos, ¡siempre pidiendo permiso al dueño! También hay miedos infundados, como la agorafobia o la claustrofobia, que se deben trabajar vía psicológica.

Cuando un niño tenga miedo, no caigamos en el error, demasiado habitual, de ponerle la etiqueta de miedica. Las etiquetas lo único que hacen es afianzar conductas.

Si le decimos a un niño que es miedoso, va a ser miedoso siempre. Todas nuestras reacciones vienen de un proceso bioquímico. Si yo a un niño le digo, por ejemplo, que no va a ser capaz de bajar por una escalera porque tiene miedo, su propio cerebro va a generar el proceso que le va a hacer creerse que no es capaz de bajar. Las etiquetas, además, someten a presión.

Además, recordemos que tener un poco de miedo es necesario: nos protege de ciertas cosas, nos dice que no seamos temerarios.

4. **Asco.** Como todas las emociones, el asco es una emoción que nos ayuda. En este caso, nos protege de posibles peligros como alimentos en mal estado o situaciones insalubres. Es importante enseñarles a los niños a identificar su función protectora.

Como el resto de las emociones tampoco lo podemos gestionar, es igualmente involuntario, pero, al igual que el miedo, sí podemos ayudarles a diferenciar entre la emoción útil, en este caso, entre el asco útil, y el asco exagerado, como rechazar alimentos por costumbre o evitar tareas como recoger algo sucio. ¿Cómo hacerlo? Con mucha paciencia, respetando su emoción y exponiéndolos poco a poco a aquello que les da asco.

5. **Alegría y 6. sorpresa.** Estas son igualmente emociones espontáneas y naturales que no podemos gestionar cuando se manifiestan, porque surgen sin previo aviso. Sin embargo, lo que sí que podemos trabajar es la incontinencia, como avanzaba antes, manejar su expresión para

que no resulte desbordante o inadecuada según el contexto, explicarles cómo pueden y no pueden expresarlas. Por ejemplo, la alegría puede llevarlos a gritar donde no deben o saltar en el sofá, y la sorpresa puede derivar en reacciones impulsivas que pueden generar incomodidad en otras personas o incluso dañarlas.

Desde la comprensión y el cariño, es fundamental mostrarles que sentir estas emociones es siempre válido, pero que su expresión debe ser cuidada. Esto implica establecer límites claros y razonables y proponerles alternativas para canalizarlas. Así, no solo aprenden a gestionarlas, sino que desarrollan habilidades de autocontrol y empatía que les servirán a lo largo de su vida.

En cualquier caso, la actuación válida para cada niño tiene, como siempre digo, una regla básica: aplicar el sentido común.

La memoria emocional

Las emociones se muestran en la cara y se graban en la memoria. Tenemos memoria emocional, lo que significa que nos acordamos muy bien de lo que nos ha sucedido bajo una emoción, tanto buena como mala. Esto es importante tenerlo en cuenta a la hora de fijar consecuencias (ver capítulo 3).

Os pongo un ejemplo. Tuve en consulta unos padres con una niña de diez años a la que, después de una advertencia del colegio por un mal comportamiento, la castigaron sin celebrar su cumpleaños ni tener regalos. ¿Es consecuencia o castigo? ¿Cómo afectará esto a la niña?

Dependerá de la niña o el niño, pero es fácil que esto lo recuerde toda la vida; no solo le ha hecho mucho daño, sino que también ha dañado el vínculo, la relación con los padres. He conocido varios casos similares, y otros tantos de niños que recibieron un azote de pequeños, y en su memoria se ha quedado que sus padres los hieren. Debemos estar muy atentos a estas consecuencias. Son niños y tienen un gran disco duro todavía muy vacío dispuesto a grabarlo todo.

Recuerdo un año que de niño estuve malo la noche de Reyes. Mis padres me llevaron a ver la cabalgata un rato, pero luego en vez de, como era tradición, ir a casa de mi tía a por los regalos, volvimos a casa. Al día siguiente estaba mejor y fuimos a su casa, pero mi tía estaba tan enfadada por haber faltado a la cita anual que no me dio el regalo. Me acordaré toda la vida de que el regalo estaba encima del armario de su habitación en un paquete envuelto en papel rojo. Esos son los detalles que como padres y educadores no nos podemos permitir el lujo de tener, porque si lo hacemos muchas veces dañamos la relación.

Las emociones se muestran en la cara y se graban en la memoria. Nos acordamos muy bien de lo que nos ha sucedido bajo una emoción tanto buena como mala. Debemos estar muy atentos a esto porque nuestros hijos tienen un gran disco duro todavía muy vacío dispuesto a grabarlo todo.

Todos estos comportamientos afectan a la resiliencia, a saberse manejarse ante las vicisitudes que nos presenta la vida. Tener malos recuerdos en la memoria emocional no va a ayudar a que el niño, adolescente o adulto sepa gestionar emociones. La memoria emocional negativa les impide ser capaces de reponerse y enfrentarse a esa situación que no tiene por qué ser una cosa compleja, pero los deja muy afectados por esa falta de resiliencia.

El valor del vínculo emocional

Crear un vínculo emocional con ellos desde niños y que se sientan acompañados por nosotros va a ayudarles a crecer mucho más sanos emocionalmente, equilibrados, pero también nos va a ayudar a superar mejor los problemas porque el vínculo será fuerte. No te pierdas el vídeo del padre bailongo, un anuncio navideño de una marca de telefonía móvil que te dejo en el QR al final del libro. En él se puede ver distintas etapas de un niño, cuyo padre comparte momentos de música con él, bailando con poco estilo. Hay etapas, como la adolescencia, en las que el chico se avergüenza de la actitud de su padre; a pesar de esto, como el final del anuncio revela, el vínculo ha crecido fuertemente.

Suelo compartir este video en mis conferencias mientras cuento la relación con mi padre. Recuerdo una vez que fui al pueblo, cuando mi padre acababa de fallecer y mi madre me dijo: «A tu padre le encantaba cuando venías». Me vinieron a la memoria numerosas escenas, que tengo plasmadas en muchísimas fotografías, en las que estoy con mi padre. Me acompañaba a todos los lados, le encantaba venir conmigo y a mí me encantaba pasar tiempo con él. Entonces, me salió decirle a mi madre: «Es que eso se lo ganó él».

Educar también es ganarse eso, el vínculo con tu hijo. Está claro que has de poner límites, a veces también te enfadas, tienes que enseñar a que sean responsables, etc., pero educar es también tener una buena relación. Las situaciones cambian; yo no aspiro a ir con mi hijo a todos los lados, él hace también su vida, pero tanto mi mujer como yo pretendemos mantener ese vínculo, cuidando la relación, hablando con ellos, comprendiéndoles, acompañándolos emocionalmente.

Ese vínculo va a hacer que nuestro hijo crezca con inteligencia emocional, término que acuñó el psicólogo Daniel Goleman, autor del *best seller* del mismo nombre, y de la que destacaba cinco competencias principales: el conocimiento de las propias emociones, la capacidad de controlar las emociones, la capacidad de motivarse a uno mismo, el reconocimiento de las emociones ajenas y el control de las relaciones. Desde entonces, son muchos los estudios científicos[5] que avalan la importancia de la educación emocional en casa (y en los centros escolares también, por supuesto) y su influencia en el desarrollo emocional, éxito académico y bienestar general de sus hijos.

En consulta, sin embargo, veo mucho lo contrario. Para mostraros un ejemplo, es importante conocer la diferencia entre emoción y sentimiento.

Educar es ponerles límites, pero también trabajar por tener una buena relación con ellos. Un fuerte vínculo emocional nos lo hemos de ganar.

Enseñar a nuestros hijos a domar el elefante

Una emoción es la respuesta involuntaria del cerebro ante una situación. Un sentimiento es una emoción más un pensamiento. Sentimientos son, por ejemplo, admiración, afecto, gratitud, amor, satisfacción, agrado, indignación, envidia, venganza o celos.

Si una emoción se puede ver en una cara, un sentimiento no. No podemos ver si una persona está enamorada o feliz o si tiene rencor. A veces, me vienen adolescentes con rencor hacia sus padres, generado por el enfado continuado por no salirse con la suya y unos padres que no lo han podido gestionar.

En mi libro *Tu mejor versión como padre* os contaba la historia del elefante, el jinete y el camino, una metáfora del psicólogo Jonathan Haidt. Imaginemos que el elefante es nuestro cerebro emocional, el de la gratificación inmediata; el jinete, que va a lomos del animal, es el cerebro racional, el que planifica y se esfuerza. Si el elefante no está domado, el jinete se escurrirá por la trompa y el elefante lo aplastará. La educación consiste en enseñar a nuestras hijas e hijos a domar el elefante, no a hacerlo desaparecer, sino enseñar al jinete a manejarlo. Y eso se consigue a través de valores y normas.

Sin embargo, si los adultos no saben gestionar sus emociones y tampoco han sabido transmitírselo a sus hijos, se acumulan los desencuentros. Si niños o adolescentes se enfadan y sacan su elefante y el padre o la madre también saca el suyo, esa emoción va a generar un sentimiento de rencor y mal comportamiento porque los niños son los primeros que están hartos de estar todo el día así en casa.

A veces me vienen adolescentes con rencor hacia sus padres, generado por el enfado continuado por no salirse con la suya y por unos padres que no lo han podido gestionar.

¿De qué se quejan los adolescentes?

No podemos estar todo el día enfadándonos con lo que hacen, rompiendo la conexión y comunicación. Por ejemplo, si un día nuestro hijo viene a casa contentísimo porque ha jugado al fútbol y ha disfrutado mucho y está muy emocionado contando todos los detalles, la madre o el padre no le pueden interrumpir diciéndole «Más te valía pensar más en el examen que tienes pasado mañana», porque ese hijo la próxima vez no va a contar nada. El examen es su responsabilidad, tenemos que hacer que estudie, pero si está emocionado contando algo debemos atenderle porque esas actitudes son las que crean un buen vínculo, una buena conexión individual.

Sin embargo, a menudo nos olvidamos de esos detalles.

Los adolescentes de lo que más se quejan es de que no les escuchamos. Para educar, hace falta ser empáticos. Como dice mi mujer, la empatía no es fácil, porque empatizar sería ponerse en el lugar del otro, con la situación del otro, como piensa el otro... y eso es imposible. Lo que sí podemos hacer es empatizar pensando qué ocurre si nos lo hacen a nosotros. Por ejemplo, qué sucede si voy a hablar con alguien y me dice: «Déjame, que estoy con esto y no puede entretenerme contigo», o si estoy comiendo con un amigo en un restaurante y él está viendo todo el rato la tele, que está justo detrás mío. Fastidiaría mucho, ¿verdad? Empatizar también es pensar cuando no me sale una cosa, cómo reacciono. Estoy pidiendo que no se enfade y yo me enfado constantemente.

Empatizar es igualmente atender sus intereses. Un niño no es un adulto de tamaño pequeño y un adolescente no es un adulto de tamaño grande, piensan de un modo completamente diferente. Volviendo al ejemplo del fútbol, si nuestro hijo mete un golazo vamos a estar tres semanas escuchándole todos los detalles de la jugada, pero hemos de atenderle y entenderle.

Si quiere contar, escuchemos. Y si estamos haciendo una tortilla y viene a hablarnos, tendremos que seguir batiendo los huevos hasta que se pongan a punto de nieve. No le cortemos ni recriminemos nada de lo que está contando en ese momento, porque si le cortamos, se corta. Si dice algún inconveniente, ya habrá tiempo de decirle en otro momento: «A propósito de lo que me comentaste...».

> Si nuestro hijo ha metido un golazo y está una
> y otra vez rememorando el momento
> y contándonoslo, tenemos que escucharle
> una y otra vez. Si le cortamos, se cortará
> y no volverá a contarnos nada.

De mayor, quiero trabajar en un petrolero

Hay una historia que suelo contar. Cuando tenía quince años, un día en el grupo de amigos empezamos a hablar sobre cuánto se ganaba trabajando en un petrolero. Alguien comentó que el sueldo era, más o menos, lo que hoy serían unos seis mil euros al mes. Además, solo se trabajaba seis meses en el mar y los otros seis te los pasabas en casa. La idea nos entusiasmó tanto que decidimos que ese sería nuestro futuro: trabajaríamos en un petrolero y, durante la mitad del año que no estuviéramos embarcados, nos dedicaríamos a viajar por el mundo. Me acuerdo de llegar a casa emocionadísimo y contarles a mis padres mi plan de vida. Su respuesta fue clara: «Primero estudia y luego haces lo que quieras». Me lo tomé tan bien que seguí con mi sueño, feliz.

¿Y en qué quedó la cosa? Pues en nada. Ninguno de nosotros acabó trabajando en un petrolero, ni intención que le hemos puesto, pero esa ilusión que tuvimos en aquellos días no nos la quita nadie. A veces, cuando escuchamos a nuestros hijos adolescentes decir cosas que nos parecen disparates, lo mejor es dejarles soñar. Es parte de esa etapa de la vida. Claro que debemos explicarles cómo funciona la realidad, pero también entender que esas ilusiones son normales y necesarias.

El vínculo también se trabaja respetándoles sus tiempos. Nada más llegar de clase, no podemos avasallarlos con preguntas sobre qué han hecho o dejado de hacer. Necesitan su tiempo. Si los interrogamos nada más llegar sobre qué han hecho, la respuesta habitual es «nada, por ahí con los colegas». Esto no fomenta la comunicación. A nosotros tampoco nos gustaría que nos tratasen así. Si, en mi caso, mi mujer, nada más llegar a casa, me pidiese todos los detalles de cómo ha ido mi día pregunta tras pregunta yo también me cansaría.

La conexión con ellos también nos ayuda a que acepten más nuestras emociones; es decir, si no tenemos conexión con ellos y les decimos «a mí me pasaría lo mismo», les dará exactamente igual cómo nos sentiríamos nosotros.

Esto lo relaciono con algo fundamental en educación, la credibilidad. Debemos ser creíbles ante nuestros hijos. La credibilidad tiene dos vertientes: la primera, si decimos algo, debemos cumplirlo, de lo contrario no se lo digamos; la segunda, lo que les decimos lo tenemos que hacer con nosotros mismos, porque ellos nos imitan, hacen todo lo que hacemos nosotros. Sin credibilidad, la educación no funciona.

Apuntes clave

- Las emociones son respuestas involuntarias del cerebro ante situaciones concretas y tienen un propósito adaptativo. Son nuestras aliadas, no nuestras enemigas. Evitarlas intensifica su impacto. Es fundamental darles la bienvenida a todas (las que nos gusten y las que no), atenderlas y saber gestionarlas.

- Nuestros hijos nos necesitan para empezar a manejarse en su mundo emocional. Hemos de acompañarlos en él, enseñándoles a nombrar y aceptar sus emociones, tanto las positivas como las defensivas. Una emoción en plena explosión es imposible controlarla; sin embargo, podemos enseñar a nuestros hijos a anticiparse a las situaciones, de esta forma cuando lleguen la intensidad de la emoción será menor.

- La teoría del cerebro triuno y comprender cómo interactúan el cerebro reptiliano, el sistema límbico y el neocórtex nos ayuda a comprender a nuestros hijos ya que reconoce la importancia de las emociones en el aprendizaje.

- Las experiencias marcadas por emociones intensas dejan huella en la memoria y pueden dañar el vínculo y la resiliencia de los niños. Por el contrario, cultivar una relación cercana, basada en la comprensión y el acompañamiento emocional, fortalece la conexión con nuestros hijos.

- Cada emoción básica (ira, tristeza, miedo, asco, alegría, sorpresa) requiere una atención desde la comprensión y el respeto por las características de cada niño. Enseñarles a gestionarlas les ayuda, además, desde pequeños a desarrollar habilidades de autocontrol y empatía que les servirán a lo largo de su vida.

- Escuchar activamente a nuestros hijos y respetarlos refuerza el vínculo y fomenta un ambiente de confianza y credibilidad. Sin credibilidad, la educación no funciona.

5.
Niños con límites, padres con rumbo, hogares sin estrés

La educación genera confianza.
La confianza genera esperanza.
La esperanza genera paz.

CONFUCIO

Todos los seres humanos necesitamos rutinas. Tener rutina no significa ser rutinario; tener rutina significa que todo lo que tenemos esté «rutinizado». Esto que parece un juego de palabras no es ningún juego, para los adultos es importante y para los niños, más. El objetivo de una rutina, norma o límite es que aprendan a asumir una responsabilidad y a adquirir pautas de comportamiento.

La organización en el día a día y los hábitos les ayudan a sentirse más seguros y, como consecuencia, a encontrarse mejor a nivel emocional porque saben a qué atenerse. Igualmente, les permite hacer mejor las cosas porque un entorno seguro facilita que no se genere incertidumbre. Cuando el niño llega a casa y sabe lo que tiene que hacer, cómo lo tiene que hacer, qué va a ocurrir si no lo hace y cómo van a reaccionar sus padres va a estar mucho más tranquilo. Los hábitos les ayudan también a gestionar la explosividad emocional. La falta de control de impulsos que tienen algunas niñas y niños viene en muchas ocasiones motivada por la incertidumbre de la falta de rutinas. Estas, en definitiva, les hacen estar más tranquilos.

Por el contrario, la incertidumbre provoca estrés. Como explica la psiquiatra Marian Rojas Estapé, el estrés crónico activa el sistema de alerta en el cerebro y la superproducción de cortisol. Los niveles descontrolados de cortisol provocan, a su vez, inestabilidad emocional, que conlleva cambios de humor, ansiedad y dificultad para gestionar las emociones.

Cuando el niño llega a casa y sabe lo que tiene que hacer, cómo lo tiene que hacer y cómo van a reaccionar sus padres si no lo hace va a sentirse mucho más seguro y tranquilo, sin incertidumbre.

Para aliviar a un niño estresado en un momento puntual, tenemos que buscar métodos para hacer que baje su nivel de cortisol; actividades en las que le podamos acompañar y que, conociendo a nuestro hijo, sepamos que le van a ayudar, como ponerle una película que le calme, contarle un cuento o dar un paseo con él.

Marián Rojas explica que también los abrazos, el contacto físico, bajan el estrés. El abrazo debe durar más de ocho segundos, porque es a partir de ese tiempo cuando está demostrado que se empieza a generar dopamina, la hormona que, frente al cortisol, produce sensación de bienestar. A todo el mundo le encantan los abrazos de mi hijo mayor porque cuando los da se pega como una lapa y produce sensación de bienestar. También es cierto que cada persona es diferente y hay a quien un abrazo largo le va a producir más estrés. Ni podemos forzar a los abrazos a quien no quiere, ni podemos forzar a los niños a que sean cariñosos y extrovertidos si no lo son.

Principales causas de estrés en niños y adolescentes

El problema es que hay muchos niños y adolescentes que viven con estrés de manera habitual. Según un estudio de la Asociación Americana de Psicología (APA),[6] los adolescentes tenían durante el año escolar niveles de estrés más altos de lo que se considera saludable (5,8 en una escala de 10, frente a un nivel saludable de 3,9), el 31 % se sentía abrumado y el 30 % deprimido o triste debido al estrés.

En los casos de estrés crónico, la solución pasa por ir a la raíz del problema y atajarlo. La mayoría de las veces, está generado por la incertidumbre motivada por la falta de rutinas y por presión, por exigencia de los padres o porque se la provocan ellos mismos:

- **Perfeccionismo.** Hay niños muy autoexigentes y perfeccionistas, cuya actitud les conlleva un estrés tremendo. Si es el caso de vuestros hijos, os recuerdo que se puede educar todo pero que se requiere tiempo y paciencia. Tardaremos, pero si somos constantes lo lograremos. Como hemos visto, educar no es cambiar; si vuestro hijo es autoexigente lo será siempre. Nuestra labor es conseguir que, cuando vaya a la vida real, sepa hasta dónde puede autoexigirse.

- **Presión académica o deportiva.** Una de las fuentes que más estrés provocan a los chicos es la presión que los padres les metemos a nivel académico o deportivo. Queremos que sean Messi o Ronaldo o Indurain, o que estudien una cosa u otra y de tanto presionar les generamos un estrés que termina explotando como una olla exprés. Estas situaciones generan un malestar que se va a expresar de diferentes modos: con problemas de comportamiento, de rebeldía, trastornos de conducta alimentaria o depresiones.

- **Cuando todo está mal.** El padre o la madre que, cuando el niño hace algo que no está bien, regañan constantemente generan con su actitud mucho estrés porque, de tanto ser regañado, cuando el niño vea que no ha hecho algo bien se va a estresar. No nos olvidemos de que todos hacemos cosas que no debemos, todos nos equivocamos, todos incumplimos límites y normas. Tengamos presente, una vez más, la empatía. Si el niño, cuando hace algo que no debe, o que no debe según la versión de su madre o de su padre, va a recibir una fuerte regañina, esto le va a generar una conducta evitativa, que a su vez le va a aumentar el estrés.

¿Qué es una conducta evitativa? Cuando el niño se dice: «Voy a esconder lo que he hecho para evitar que mi madre o mi padre se entere porque me va a echar la bronca». Como está nervioso para que no le pillen, aumenta el estrés. De ahí la importancia de poder transmitirles qué son errores y qué son consecuencias. Si aprenden a esquivar o esconder frente a asumir responsabilidades, no crecerán con resiliencia porque nunca se enfrentan a la búsqueda de soluciones.

• **Falta de relajación.** Hay muchos niños y adolescentes con agendas sin un hueco libre que están completamente acelerados. Les falta tiempo para disminuir la actividad corporal y cerebral. Como los adultos, ellos también necesitan tiempo para desconectar.

Además, si un niño tiene todo estructurado, le limitamos otro campo muy importante, que es la creatividad. Sin ella, crecerán sin iniciativa y harán solo lo que se les diga, sin ser capaces de tomar decisiones.

La queja como solución fácil a los problemas

Los niños que no se educan con rutinas, límites, falta de autonomía e iniciativa es fácil que entren en la queja.

Un grupo de científicos de la Universidad de Stanford, en California,[7] descubrió que la interacción entre el hipocampo, la zona del cerebro relacionada con la memoria, y el lóbulo prefrontal, que se encarga del control de impulsos y el pensamiento reflexivo, son claves para aprender a tomar decisiones y resolver problemas.

Comprobó que en las personas que están expuestas a treinta minutos de quejas al día, ya sean propias o de su entorno, afectan a las neuronas del hipocampo. Por tanto, el niño que está siempre quejándose o escuchando a sus padres hacerlo se está afectando esas neuronas del hipocampo, que —recordemos— en su relación con el lóbulo prefrontal es clave para tomar decisiones y resolver problemas. ¿Qué ocurre? Cuando tengan un problema, en vez de buscar una solución, se quejarán.

En este sentido y en la labor de fortalecer la resiliencia de nuestros hijos, a la hora de educar invito a:

1. Intentar no quejarnos.
2. Cuando tengan ellos el problema, nuestra labor es enseñarles a buscar la solución, no resolvérselo nosotros o permitirles que se atasquen en la queja.

Ante un problema no sirve de nada quejarse. Tengo un amigo que utiliza mucho la frase de «a mí no me des problemas, dame soluciones». Se lo explico muchas veces así a mis alumnos: «Si me pegan un golpe en el coche, puedo despotricar y lamentar mi mala suerte, pero rápidamente saco el parte de accidentes de la guantera y actúo porque por mucho que me queje, el golpe va a seguir en la carrocería».

Llevado al día a día, como os avanzaba en el capítulo 2, tengo derecho a enfadarme o entristecerme una noche por algo que no ha salido como yo pretendía, pero al día siguiente tengo que buscar otra opción, una solución, porque quejarse solo genera falta de resiliencia e inacción para salir de una mala situación.

Ante la queja, enseñémosles que hay otros caminos. Si el carácter o temperamento de nuestro hijo hace que sea quejicoso, debemos enseñarle a tirar para adelante. La educación —recuerdo— lleva tiempo, es costosa, y no porque le digas a tu hijo que no se queje va a dejar de hacerlo. Pero siempre podemos darles herramientas para saber manejarse en la vida. Y que cuando ocurra algo se queje menos y busque soluciones.

Queja e infelicidad

¿Por qué se quejan a menudo los chavales? Porque no tienen lo que ellos quieren. Os comentaba también el estudio que Daniel López Rosetti hizo sobre la felicidad. Concluyó que, cuando la diferencia entre lo que tienes y lo que deseas es muy grande, no eres feliz; sin embargo, cuando la diferencia entre lo que tienes y lo que deseas es más pequeña, eres más feliz.

Desear está bien, es humano. Nos hace, además, estar vivos, porque de lo contrario nos acomodamos y eso genera apatía e infelicidad. El problema es que lo más habitual es que nuestros hijos quieran algo y, cuando ya lo tienen, quieran más y así sin fin. Con querer no solo me refiero en el aspecto material. También quieren llegar más tarde, tener media hora más de tele, acostarse más tarde o comer únicamente macarrones. Tras sus deseos estamos los padres que, para que sean felices, cedemos y entramos en un círculo vicioso: cuanto más les damos, más aumentan sus pretensiones de forma exponencial. La consecuencia es que nunca son felices porque cuanto más se les da, más quieren.

La forma de hacerlos más felices no es ceder a todos sus deseos, sino fijar límites. Poner normas hace que bajen sus pretensiones. Cuando sepan que no van a conseguir todo lo que pidan, dejarán de pedir y se conformarán con lo que tienen. Así es como aprenden a ser felices y valorar las cosas.

El doctor Daniel López Rosetti lo explica así: una cosa es tener nivel de vida y otra tener calidad de vida. Si damos muchas cosas a nuestro hijo, va a tener mucho nivel de vida, pero no calidad de vida, porque cada vez deseará más y no será feliz. Sin embargo, si a nuestro hijo le ponemos límites y le damos solo hasta donde nosotros consideremos, va a ser más feliz porque habrá aprendido a serlo con lo que tiene. Los límites los ponemos en función de nuestros valores; no hay una fórmula mágica. Se trata de darles lo que consideramos y podemos. Esto no significa maltratarlos ni no comprarles nada ni no conceder nada; significa, sencillamente, ser coherentes.

Una persona feliz es aquella que disfruta de los buenos momentos y sabe gestionar los malos, aunque, como es lógico, lo estará pasando mal. Eso también da felicidad. Si a un niño le consentimos todo, no le damos herramientas para funcionar en la vida, por lo que no desarrolla resiliencia y nunca está contento con nada. Esto va a derivar en la queja. De la otra manera, va a estar contento cuando consiga las cosas y, cuando algo no le vaya bien, va a buscar una forma de dar la vuelta a la situación.

Si nosotros, para dar la felicidad a nuestros hijos, les concedemos todo, les estamos engañando y nos estamos engañando a nosotros también porque vuelvo a la frase de que educamos a los hijos en Disney y la vida es de *Walking Dead*.

Cuando los chavales vienen a consulta y se quejan, saco las once reglas de vida de Bill Gates, que tengo guardadas en una carpeta de plástico, y les leo las dos primeras. Bill Gates las ofreció en una conferencia en la universidad norteamericana de Yale dirigida a familias sobreprotectoras e hijos consentidos que sienten que se merecen todo.

1. La vida no es justa. Acostúmbrate a ello.
2. Al mundo no le importa tu autoestima. El mundo espera que logres algo, independientemente de que te sientas bien o no contigo mismo.
3. No ganarás cinco mil dólares mensuales justo después de haber salido de la universidad y no serás un vicepresidente hasta que con tu esfuerzo te hayas ganado ambos logros.
4. Si piensas que tu profesor es duro, espera a tener jefe.

Ese sí que no tendrá vocación de enseñanza ni la paciencia requerida.

5. Dedicarse a hacer hamburguesas no te quita dignidad. Tus abuelos tenían una palabra diferente para describirlo, lo llamaban «oportunidad».

6. Si metes la pata, no es culpa de tus padres. Así que no lloriquees por tus errores, aprende de ellos.

7. Antes de que nacieras, tus padres no eran tan aburridos como lo son ahora. Empezaron a serlo por pagarte las cuentas, lavarte la ropa y escucharte hablar acerca de la nueva onda en la que estabas. Así que antes de emprender tu lucha por selvas vírgenes contaminadas por la generación de tus padres, inicia el camino limpiando las cosas de tu propia vida, empezando por tu habitación.

8. En la escuela puede haberse eliminado la diferencia entre ganadores y perdedores, pero en la vida real no. En algunas escuelas ya no se pierden años lectivos y te dan las oportunidades que necesites para encontrar la respuesta correcta en los exámenes y para que las tareas sean cada vez más fáciles. Eso no tiene ninguna semejanza con la vida real.

9. La vida no se divide en semestres. No tendrás vacaciones de verano largas en lugares lejanos y muy pocos jefes se interesarán en ayudarte a que te encuentres a ti mismo. Todo esto tendrás que hacerlo en tu tiempo libre.

10. La televisión no es la vida diaria. En la vida cotidiana, la gente de verdad tiene que salir del bar de la película para irse a trabajar.

11. Sé amable con los más aplicados de tu clase. Existen muchas probabilidades de que termines trabajando para uno de ellos.

Es cierto que la vida no es fácil, tiene muchos obstáculos que tenemos que saltar, muchos malos momentos que a todos nos tocará vivir. Por eso, ayudaremos a nuestros hijos a ser más felices educándolos, enseñándoles a ser resilientes y dándoles herramientas para que aprendan a superar los malos momentos.

Los límites los ponemos los padres en función de nuestros valores; no hay una fórmula mágica. Se trata de darles lo que consideramos y podemos; es decir, ser coherentes.

Que una niña o un niño, un adolescente o un adulto sufren cuando ha pasado algo que les afecta es lógico, sea una ruptura sentimental o que su juguete preferido se ha roto. Es algo que no podemos ni debemos evitar. Nosotros tenemos que acompañar en esa situación, tienen que sentirse acompañados, tienen que sentir que estamos ahí para cuando lo necesiten. En ese momento lo están pasando mal, están atravesando un duelo, pero si tienen herramientas lo terminarán pasando.

Eso es lo que necesitan nuestros hijos, no que les quitemos los problemas, ni que les quitemos importancia ni que les juzguemos. Ellos deben saber que estamos ahí apoyándoles para lo que necesiten, porque les queremos. Ese entorno seguro que no hace las cosas por él, pero estar ahí guiándole es lo que va a darle la felicidad.

Una cuestión de actitud

Mi amigo Josean dice que hay personas que se enfadan con el día y se quejan por todo: porque llueve o no llueve, porque el café está frío o caliente. Eso es porque no aprendieron una regla, de cosecha propia, que explico a mis hijos y a mis alumnos: la Regla de las Cinco Cosas. Consiste en que tenemos que hacer cada día como mínimo cinco cosas que no nos gustan, todos, todos los días. Por ejemplo, a mí no me gusta bajar la basura, pero la tengo que bajar. Entonces tengo dos opciones, o la bajo o la bajo: o la bajo, enfadado cada día, o la bajo y ya está.

Uno de mis lemas es «cuando no te gusta algo, cámbialo, pero si no puedes, cambia de actitud». Tenemos que enseñar eso a nuestros hijos. Recuerdo a menudo una frase que me decía un compañero: «Qué bien vives, Fran». No lo podía entender y hasta me enfadaba cuando me lo decía porque consideraba que él tenía una vida más ociosa y cómoda. Cuando me di cuenta de por qué me lo decía, se me quitó el enfado. Me lo decía porque me veía contento, y eso es la actitud. Y es lo que tenemos que transmitir a nuestros hijos y no estar quejándonos de bajar la basura.

A veces, de manera equivocada, los padres, para que no

se quejen, les facilitamos tanto las cosas que no aprenden, pero por mucho que queramos evitarles tarde o temprano les va a llegar en la vida una situación a la que no van a saber enfrentarse. Es fácil, además, que dejen de hacer cosas por no enfrentarse a estas situaciones en las que no saben desenvolverse.

He visto esto en muchos alumnos. Recuerdo uno que eligió hacer una FP con 400 horas de prácticas no remuneradas antes que una FP Dual, con mil horas remuneradas y más posibilidades de encontrar trabajo, porque en las prácticas remuneradas le pedían trabajar un domingo al mes a cambio de días entre semana y él se negaba a trabajar un domingo. Estaba educado en Disney.

La Regla de las Cinco Cosas: hacer todos los días cinco cosas que no nos gusten para alejarnos de la queja y acercarnos a la gratitud.

Estamos generando muchos chavales que dejan de hacer cosas, como deporte, porque no tienen ningún tipo de motivación. La motivación, sin embargo, no te la da el tener, sino hacer algo por ti mismo porque te produce satisfacción, te sientes bien.

Cuando has crecido con todo al alcance te acomodas y te conformas con lo mínimo; sin embargo, cuando lo ganas con tu esfuerzo desde niño, afrontas la vida de manera muy distinta. Cuando pongo un examen a mis alumnos y al final de la clase me van dejando las hojas en la mesa, suelo saber con facilidad quién ha estudiado y quién no. El que no ha estudiado lo mete debajo del montón de exámenes y el que sí ha estudiado me pide que se lo corrija en el momento, por lo que estoy prácticamente seguro de que va a aprobar. El chaval que se ha esforzado sale contento del examen y ese bienestar es lo que hace que el próximo día tenga ganas de estudiar, de hacer cosas y quiera mejorar, que es la mentalidad de crecimiento y es felicidad porque se lo ha ganado él.

¿Qué es la mentalidad de crecimiento?

Carol Dwek, psicóloga norteamericana, fue quien acuñó los términos «mentalidad de crecimiento», que define a aquellos que creen que sus habilidades pueden mejorar gracias al entrenamiento y al esfuerzo, y «mentalidad fija», que son las personas que creen que la inteligencia es innata e inmutable.

Hizo un experimento interesante con quinientas niñas y niños de diferentes edades, clases y colegios de Estados Unidos. Les dio a resolver un puzle. Mientras lo estaban haciendo, a la mitad de las niñas y niños les dijo: «¡Qué contenta estoy! ¡Cuánto os estáis esforzando!». A la otra mitad, cuando lo resolvieron, les dijo: «Muy bien, lo habéis acabado». A unos les valoró el esfuerzo y a otros, el resultado.

Después, les dio a escoger entre dos puzles, uno más difícil y otro más sencillo. El 99 % de las niñas y niños a los que les había valorado el esfuerzo escogieron el más complejo.

Por el contrario, la mayoría de las niñas y niños a los que les habían valorado el resultado escogieron el más sencillo. Hizo otra prueba. Les dio a resolver un puzle que iban a ser incapaces de hacer por su complejidad. Ninguno lo consiguió, pero las niñas y niños a los que les habían valorado el esfuerzo lo intentaron. Los otros, en cuanto vieron que no iban a poder, ni siquiera lo probaron y reaccionaron llorando unos, tirando el puzle con rabia otros o incordiando al compañero; cada uno según su temperamento.

Lo más importante, por tanto, es valorar el esfuerzo. Valorar el esfuerzo no es valorar el resultado de algo que les cueste hacer; valorar el esfuerzo significa decirles lo contentos que estamos por todo el esfuerzo que le han dedicado sea el resultado que sea. Esto es lo que los lleva a volver a esforzarse al día siguiente y les genera mentalidad de crecimiento.

Por el contrario, cuando lo tienen todo y no conocen el esfuerzo, no hacen nada y lo primero que hacen es echar balones fuera. Esta es una de las principales quejas de los padres y madres, que no se responsabilizan. Esto se ve claramente en los estudios.

Valorar el esfuerzo no es centrarse en el resultado obtenido, sino reconocer el empeño y la dedicación invertidos, independientemente del desenlace. Este enfoque fomenta la mentalidad de crecimiento y motiva a seguir esforzándose cada día.

El mayor porcentaje de casos de fracaso escolar son niñas o niños que aprueban simplemente escuchando al profesor y haciéndolo todo en el último momento. Son niños inteligentes que no adquieren hábitos de estudio, pero llega una edad en la que la inteligencia ya no les sirve. A partir de ciertos cursos tienen que estudiar, repasar, pasar a limpio, hacer esquemas..., pero si no tienen el hábito, empiezan a suspender. No entienden qué les está ocurriendo, si siempre han hecho lo mismo. No entienden que ahora suspendan, y de nada nos va a servir explicarles que, como el curso es más difícil, tienen que estudiar. Ni entienden ni quieren entender. Como solo ven que suspenden haciendo lo mismo de siempre, empiezan a echar la culpa a los padres, al profesor y hasta a la luz de la lámpara, que es mala.

Refuerzo, autoestima y valoración

Valorar su esfuerzo les ayuda a ser más resilientes y darles refuerzo positivo va a mejorar su autoestima. Mi abuelo siempre me decía: «Cuando hagas algo bien, di "qué bueno que soy", pero que no te escuche nadie porque dirán que eres un creído». Era su forma de hablar de autoestima, pero con humildad.

Es importante valorar a nuestros hijos. Nuestro cerebro centra su atención en lo que no se hace bien. Como avanzaba en la introducción, cuando viene a consulta una familia que tiene problemas de comportamiento con sus hijos y me explican lo que sucede, a menudo solo dicen cosas que la hija o el hijo no hacen bien. Después de escucharles, les suelo preguntar: ¿qué hace bien tu hijo? Mayoritariamente obtengo dos respuestas: una, que no hace bien nada, y la otra, que hace bien muchas cosas. Cuando les pregunto cuáles, a veces no me pueden decir ni una. Esto también genera infelicidad.

En la vida vamos a tener muchos tipos de puzles a resolver, a veces serán más fáciles y otras más complejos, algunos incluso no se podrán resolver. Lo que nuestros hijos se encuentren no está en nuestras manos, pero sí lo está darles las herramientas para que sepan coger las piezas y, al menos, intentar hacerlo. Habrá cosas que no podrán conseguir, pero si tienen mentalidad de crecimiento y son resilientes tendrán la satisfacción de haberlo probado. No se frenarán ante los obstáculos y darán la vuelta a situaciones sin quedarse en lo fácil, la frustración y la queja.

Apuntes clave

- Las rutinas generan seguridad emocional en los niños. Cuando tienen claro lo que deben hacer y cómo van a reaccionar los adultos si lo hacen, se reduce su incertidumbre, asumen responsabilidades, adquieren pautas de comportamiento y aprenden a gestionar la explosividad emocional.
- El estrés está presente de manera habitual en el día a día de niños y adolescentes. El origen de este ma-

lestar se encuentra en la falta de rutinas, la presión académica o deportiva, el perfeccionismo, las críticas constantes o las agendas llenas de actividades.

- La exposición frecuente a quejas, tanto propias como del entorno, afecta a la capacidad de los niños para resolver problemas y fomenta la inacción. Cuando tengan un problema, debemos enseñarles a buscar la solución, indicarles que hay otras vías, pero ni resolvérselo nosotros ni permitirles que se atasquen en la queja.

- Los niños son más felices cuando sus deseos se gestionan con límites claros, asumen su responsabilidad, tienen herramientas para manejarse en los malos momentos y saben que sus padres o tutores estarán ahí con ellos apoyándolos y guiándolos.

- El concepto de mentalidad de crecimiento, frente al de mentalidad fija, muestra la importancia de valorar el esfuerzo por encima del resultado. Esta fomenta en los niños la resiliencia y la motivación para superar obstáculos, ayudándoles a desarrollar una actitud positiva ante los desafíos. Valorando su esfuerzo les estaremos enseñando a transformar las dificultades en oportunidades de aprendizaje.

6.
Cómo enseñar a tus hijos a decir gracias y que se sientan agradecidos

> Largo es el camino de la enseñanza por medio de teorías; breve y eficaz por medio de ejemplos.
>
> SÉNECA

Educar corazones agradecidos es educar niños felices y resilientes. Un estudio de las universidades de Maynooth y Limerick, Irlanda,[8] desveló que ser agradecidos reduce el estrés y mejora la salud cardiovascular. Quizá de cara a un adolescente, esto no preocupe mucho, porque su salud cardiovascular suele ser fuerte, pero el estrés, como hemos visto en el capítulo anterior, es, desgraciadamente, muy habitual en ellos.

Ser agradecido hace sentirse mejor. Como destaca la experta en psicología positiva Sonja Lyubomirsky: «La gratitud se relaciona con niveles más altos de bienestar subjetivo, satisfacción con la vida, autoestima, optimismo y sentimientos de conexión social».

Cada vez son más los estudios que demuestran las bondades de la gratitud. Sin embargo, hoy en día parece que hemos cogido el camino en dirección contraria y estamos educando a los chavales en la ingratitud. Actuamos de tal modo que se creen que lo que hacemos por ellos es por obligación. De hecho, es una de las principales quejas de los padres en consulta: «No agradecen nada —me dicen—, les haces algo y lo que empieza como un favor, muchas veces se convierte en una obligación». ¿Os suena?

A los adultos también nos pasa mucho esto. Haces, por ejemplo, el favor de llevar a alguien un día en el coche al trabajo y, si al siguiente no lo llevas, parece que eres el malo. Si los adultos nos acostumbramos a lo cómodo pronto, ¿por qué no le va a ocurrir lo mismo a nuestros hijos?

A veces, los padres confundimos responsabilidad con favores. En nuestra función como padres no hacemos favores a nuestros hijos, cumplimos con nuestra responsabilidad. No olvidemos que la mayor responsabilidad que tenemos en la vida es educar a nuestros hijos.

Les quitamos autonomía cuando nuestro deber es dársela

Recuerdo un libro del psicólogo Paulino Castells que se titulaba *Los padres no se divorcian de los hijos*. Me parece que define a la perfección la idea de que cuando tenemos un hijo es nuestra mayor responsabilidad. Nos podemos separar de nuestra pareja, pero no de nuestros hijos. Es nuestro deber sacarlos adelante desde que nacen, cuando no son autónomos, y desde entonces hacer todo lo posible para darles las herramientas para que sean autónomos.

El problema es que hacemos lo que es nuestra responsabilidad y a veces nos excedemos y pasamos de darles autonomía a evitar que la tengan. ¿Cómo? De muchas maneras: les recogemos la ropa, les llevamos un vaso de agua, les compramos algo innecesario... al final, los sobreprotegemos.

A veces lo hacemos de manera inconsciente; otras no. Seguramente os haya pasado que un día ibais con prisa y les habéis echado una mano para que, por ejemplo, no se olviden de la mochila o les habéis comprado algo sin pensar mucho si era necesario. Todos nos hemos excedido alguna vez, pero cuando no les enseñamos a que valoren eso que les estamos dando o lo convertimos en hábito, y con ello en nuestra falsa obligación, estamos sembrando la semilla de la ingratitud.

Con esta actitud no solo no les enseñamos a ser agradecidos, tampoco les enseñamos resiliencia. Aquellos acostumbrados a tenerlo todo, el día que no lo consigan (o que no les preparen la mochila), les generará frustración y sensación de insatisfacción e infelicidad. ¿Recordáis lo que hablábamos de la felicidad? Tienen que ser felices con lo que tienen o pueden lograr no solo a nivel económico o material, sino en todos los aspectos.

Si un día se olvidan la mochila, es bueno que se equivoquen; si un día se quedan sin algo que quieren tampoco pasa nada. No es necesario tenerlo todo pese a que la publicidad y la sociedad actual se empeñen en decirnos lo contrario.

Ser agradecido no es enseñarles a dar las gracias (que también), sino enseñarles a valorar todo lo que se hace por ellos. Aunque hay una parte que debemos asumir los padres, y es que para nuestros hijos es difícil llegar a comprender lo que hacemos por ellos, hay una parte que la aprenderán y valorarán cuando sean padres o madres. Enseñarles a ser agradecidos requiere de mayor dificultad hoy en día porque las cosas no se valoran como antes. Antes era más fácil, se educaba de otro modo. Recuerdo que mi madre me compraba dos pantalones al año, eran de tergal, horrorosos. En una ocasión, con quince años, le dije que yo ya no quería más eso, que quería unos pantalones de marca. «¿Cuánto valen?», me preguntó mi madre. «Tres mil pesetas», le contesté. «Vale —me respondió—, toma mil quinientas, que es lo que valen los otros pantalones, y la diferencia la pones tú». Cuando conseguí comprármelos, los cuidé muchísimo porque valoraba lo que me habían costado.

Es algo que he tenido siempre muy presente y he querido inculcar a mis hijos. No hace mucho, estábamos en familia recogiendo la cocina por la noche y mi hijo menor me dijo: «Gracias, papá». «¿Por?», le pregunté. «Por todo», me contestó.

Ser agradecido no es dar las gracias (que también), sino valorar todo lo que se hace por nosotros.

Cómo conseguimos que sean agradecidos

Seguro que os suena esa frase del chico con problemas de comportamiento que dice a sus padres: «Me tienes que llevar» y, ante la negativa de estos, responde: «Pues no haberme tenido». Al final, ante estos chavales poco agradecidos, los padres se convierten en sumisos: su sirviente, su taxista y su cocinero. Cuanto más les acomodemos la vida para que no se estresen y no sufran, menos agradecidos van a ser.

Evitar llegar ahí pasa por darles autonomía, haciéndoles adquirir hábitos y cumplir con sus responsabilidades. Si les damos responsabilidades en función de su edad y madurez, van a aprender a ser agradecidos. Las responsabilidades —recordemos— deben ser en función de su edad y madurez, por lo tanto, deben estar personalizadas. Tampoco podemos educar a todos igual. Debemos ser suficientemente hábiles para saber qué funciona con cada uno de nuestros hijos y qué no.

La Regla de las Cinco Cosas —¿recordáis?—: cuando hacemos cosas que no nos gustan, aprendemos a ser agradecidos porque empatizamos con otras personas que hacen cosas por nosotros que no les gustan.

Aprender a dar las gracias desde muy pequeños permitirá que se convierta en hábito. Como os contaba en el capítulo 2, en el que os ponía el ejemplo de cuando aprendemos a conducir, llega un momento en que ese conocimiento lo tenemos totalmente integrado.

Aprender a través de la empatía

Integrar la gratitud desde niños pasa por explicarles de vez en cuando lo que cuesta ganar el dinero o el esfuerzo que nos requiere algo. Por ejemplo, nosotros no vamos a buscarlos a la extraescolar o a hablar con el tutor o a comprarles algo por nosotros mismos, sino por ellos, y eso deben saber valorarlo. Es nuestro tiempo y nuestro esfuerzo. Todo lo que hacemos en todo momento es porque creemos que es lo mejor para ellos. Cuando hablo de explicárselo de vez en cuando me refiero a no dar la vara. Es importante que lo entiendan y lo expresemos, pero la mejor forma de transmitírselo es haciéndoselo ver. Lo que más se aprende es con la empatía, sirve para aprender a ser agradecidos, pero para todo en general en la educación

Cuando han hecho algo por alguien y no se ha valorado su esfuerzo o no les han dado las gracias, es el momento de expresarles, con cariño, cómo nos sentimos cuando nosotros hacemos algo por ellos. De esta forma, van sintiendo lo que hacen y le van poniendo nombre.

Sacudirse la culpa

Es una paradoja, pero cuanto menos agradecidos son, más han hecho los padres por ellos. Por eso la madre o el padre lo llevan peor porque les sale el «todo lo que hago por él y encima no me lo agradece». Y se sienten mal.

Las madres y los padres somos personas, no máquinas. Tenemos a veces una sensación de culpabilidad muy grande cuando, ante la falta de agradecimiento, leemos que hay que poner límites y no conseguimos que los cumplan, o cuando nos dicen que tenemos que comunicarnos con ellos y ellos no saben más que decir «déjame en paz». Esto produce mucha sensación de culpabilidad. Están haciendo lo mejor que creen para su hijo y no están obteniendo los resultados deseados, lo cual genera impotencia.

No debemos autofustigarnos porque todos tenemos derecho a equivocarnos. Quizá esta comparativa os ayude para entender qué podemos controlar y qué no: mi hijo pequeño hace ciclismo, lo que implica una vida muy esforzada. Como la de los padres, requiere una dedicación exclusiva y mucho esfuerzo: levantarse todos los días e ir a entrenar, llueva o haga viento, tengas ganas o no. Y eso nos pasa a los padres, nos apetezca o no, debemos trabajar cada día por nuestros hijos con el agravante de que somos responsables de ellos, no lo podemos dejar, como a la bici.

Mi hijo hace un enorme esfuerzo para cumplir los objetivos que se ha marcado, pero puede ocurrir que dos días antes de una carrera se ponga enfermo con gripe o, en el momento de la salida, le falle la bici. Él ha hecho todo lo que ha estado a su alcance entrenando, cuidando su alimentación, etc., pero hay cosas que no puede controlar. Ante estas situaciones, como decía anteriormente, tenemos derecho a llorar una noche, pero al día siguiente hay que seguir entrenando y, en el caso de nosotros como padres, seguir trabajando por la educación de nuestros hijos. Podemos equivocarnos, pero la equivocación hará que no actuemos igual la próxima vez.

Esto es lo que hay, esto es lo que puedo hacer

Thomas Edison (1847-1931) inventó la bombilla después de hacer 999 intentos fallidos. No decía «he fracasado 999 veces», sino «he aprendido 999 formas de cómo no hacer una bombilla». Cuando Edison tenía siete años, en el colegio le dieron una carta para que se la diese a su madre. Esta la leyó y se puso a llorar. «¿Por qué lloras, mamá?, ¿qué dice la carta?», preguntó el pequeño Thomas. «Pone que eres demasiado inteligente y que no te pueden enseñar más en el cole, así que te tendré que enseñar yo en casa», le dijo al niño, que nunca más volvió al colegio.

Cuando la madre de Edison falleció, estaban en su casa recogiendo todas sus pertenencias cuando apareció la carta. En ella ponía: «Su hijo es mentalmente deficiente. No podemos permitir que siga asistiendo a nuestra escuela. Queda expulsado». Edison se convertiría en uno de los genios más reconocidos de la historia con más de mil trescientos inventos registrados, entre ellos la bombilla, el fonógrafo, el telégrafo, el micrófono de carbono, el sistema de distribución de electricidad y las baterías de níquel-hierro. El inventor escribiría en su diario: «Thomas A. Edison era un niño mentalmente deficiente cuya madre lo convirtió en el genio del siglo».

Esta historia personal define muy bien una de las ideas que quiero transmitir con el libro: para enseñar a un hijo a ser resiliente, tengamos en cuenta que, aunque a veces las cosas no salen como queremos, tenemos que tirar para adelante; sentirnos mal una noche y, al día siguiente, dar la vuelta a la situación.

Apuntes clave

- Ser agradecidos reduce el estrés, eleva la satisfacción vital y mejora el bienestar emocional y la salud física. Hoy en día los padres se quejan de que los hijos son ingratos y convierten los favores que les hacemos en obligaciones.
- Es nuestro deber enseñarles desde niños a ser agradecidos y valorar lo que se hace por ellos sin sobreprotegerlos ni hacer todo por ellos. ¿Cómo? Estableciendo responsabilidades adaptadas a su edad y madurez, fijando límites claros y permitiéndoles enfrentarse a pequeños fracasos en su día a día.
- La gratitud no es solo dar las gracias, sino enseñar a valorar lo que se tiene y lo que se logra con esfuerzo.
- Explicarles el esfuerzo y tiempo que requieren nuestras acciones, como ir a buscarlos a la actividad extraescolar o ausentarse del trabajo para ir a hablar con el tutor, sin exagerar ni ser repetitivos, les ayuda a entender y valorar lo que se hace por ellos. La empatía, hablar de cómo se sienten

cuando no se les agradece algo, nos ayudará en este aprendizaje.

- Las madres y los padres somos personas, no máquinas. A menudo nos pesa la culpabilidad porque estamos haciendo lo mejor que creemos para nuestros hijos y no estamos obteniendo los resultados deseados y solo sentimos palabras de ingratitud por parte de nuestros niños o adolescentes. No debemos autofustigarnos, tenemos derecho a equivocarnos y a aprender de nuestros errores.

- El ejemplo de Thomas Edison, a cuya madre le dijeron que expulsaban a su hijo del colegio porque no servía para los estudios, ilustra la importancia de seguir adelante a pesar de las dificultades y rechazos. Nos sirve a los padres para no desfallecer en la educación y nos sirve para enseñar a los niños que los fracasos son oportunidades de aprendizaje y a fomentar su resiliencia.

7.
La vida a través de una pantalla: ¿cuánto es demasiado?

La única educación posible es esta: estar lo bastante seguro de una cosa para atreverse a decírsela a un niño.

G. K. CHESTERTON

La influencia de las nuevas tecnologías en niños y adolescentes se ha convertido en un tema central de debate en los últimos años. Cada vez son más los estudios que alertan sobre sus efectos negativos,[9] contribuyendo a problemas de salud física y mental. Entre las consecuencias adversas, se señala que la exposición excesiva a las pantallas en los más pequeños se asocia con dificultades para hablar y expresarse, un desarrollo cognitivo tardío, bajo rendimiento escolar y falta de resiliencia.

Esta preocupación ha llevado a que numerosos países aborden la cuestión como una prioridad de Estado. Australia se convirtió en 2024 en el país cuyo parlamento aprobó la ley de internet más estricta del mundo, prohibiendo el uso de redes sociales a los menores de dieciséis años.

Ese mismo año, en España, el Consejo de Ministros aprobó la *Ley de Protección de los Menores en los Entornos Digitales.* Entre las medidas incluidas en esta normativa están la obligatoriedad de incorporar controles parentales de fábrica en los dispositivos electrónicos y la realización de pruebas pediátricas para identificar un uso inadecuado de las tecnologías. Un informe encargado por el Consejo de Ministros sugería recomendaciones adicionales, como prohibir el acceso a pantallas a los menores de seis años, limitar el uso de dispositivos a teléfonos analógicos entre los doce y los dieciséis años, incluir etiquetas en dispositivos digitales para advertir sobre los riesgos para la salud asociados a su uso y prevenir el impacto negativo de la exposición a contenidos inapropiados.

El abuso de las nuevas tecnologías
y su influencia negativa en niños y adolescentes
se ha convertido en una prioridad
de Estado en muchos países.

Las nuevas tecnologías, el sonajero del siglo XXI

Soy un gran amante de las tecnologías. Nos facilitan mucho la vida, pero el problema es el uso indebido que hacemos de ellas. Es muy tentador utilizarlas como sonajero del siglo XXI para tener a los niños entretenidos a través de esta «anestesia tecnológica».

Creo que, aunque los padres somos más conscientes de la influencia negativa que produce sobre nuestros hijos, todavía no es suficiente en la mayoría de los casos. Debemos hacer un esfuerzo por tener un amplio conocimiento sobre las nuevas tecnologías. Nuestros hijos han nacido en la era tecnológica, pero, aunque por lo general saben mucho más que nosotros, nos necesitan para acompañarlos en su proceso de crecimiento y maduración.

Según un informe de la UNESCO[10] realizado a finales del siglo pasado titulado *La educación encierra un tesoro*, el avance tecnológico y científico no servirá de nada si no educamos en valores a las generaciones futuras.

Cómo te manejas en el entorno digital (¡no te sobrestimes!)

Antes de revisar cómo acompañarlos, qué podemos hacer y qué no, os propongo analizar cómo estamos nosotros mismos ante las nuevas tecnologías para que sean nuestras aliadas. Es desde ese punto desde el que sabremos cómo encaminarlos siempre buscando su bien.

Para ello, os dejo a continuación un cuestionario con preguntas muy sencillas con solo dos tipos de respuesta, verdadero o falso. Os invito a que respondáis con franqueza para conocer de verdad la situación en la que os encontráis en el entorno digital.

El cuestionario[11] está dividido en tres áreas: conocimientos teóricos, educación en nuevas tecnologías y protección de los hijos. Podéis ver los resultados según vuestras respuestas al final del cuestionario.

	VERDADERO	FALSO

1. Conocimientos teóricos

- ¿Te has creado alguna vez una cuenta de correo electrónico? ❑ ❑
- Si tienes WhatsApp, ¿puedes decir que nunca has mandado un mensaje equivocado a una persona o subido alguna foto sin querer a tu estado? ❑ ❑
- ¿Te has abierto alguna cuenta en una red social (Facebook, X, Instagram, TikTok, YouTube, LinkedIn)? ❑ ❑
- ¿Sabes cómo hacerlo? ❑ ❑
- ¿Sabes configurar la privacidad de tu cuenta para que solo unos pocos puedan ver tus publicaciones? ❑ ❑
- ¿Sabes explicar lo que es un *smartphone*? ❑ ❑
- ¿Puedes decir al menos diez usos que se le pueden dar a un *smartphone*? ❑ ❑
- ¿Te manejas ya con la inteligencia artificial? ❑ ❑

	VERDADERO	FALSO

2. Educación en nuevas tecnologías

- ¿Has entrado a internet alguna vez con tus hijos? ☐ ☐
- ¿Has puesto normas con respecto al uso de las nuevas tecnologías? ☐ ☐
- ¿Has puesto límites con respecto al uso de nuevas tecnologías? ☐ ☐
- ¿Has establecido sanciones o consecuencias para cuando no se cumplen las normas y los límites? ☐ ☐
- ¿Sabes lo que es el *ciberbullying*? ☐ ☐
- ¿Has explicado a tus hijos lo que es el *ciberbullying*? ☐ ☐
- ¿Sabrías denunciar un caso de *ciberbullying*? ☐ ☐
- ¿Has explicado lo que es el respeto hacia las otras personas en redes sociales? ☐ ☐
- ¿Sabes decir desde qué dispositivos pueden acceder tus hijos a internet? ☐ ☐

	VERDADERO	FALSO

3. Protección de los hijos

- ¿Revisas generalmente los perfiles de tu hijo en redes sociales? ☐ ☐
- ¿Está algún adulto presente cuando tu hijo se conecta a internet? ☐ ☐
- ¿Sabes cuántos amigos tiene tu hijo en sus redes sociales? ☐ ☐

- ¿Sabes si tu hijo comparte fotos
  con desconocidos? ❏ ❏
- ¿Sabrías decir si alguna vez ha quedado
  para verse con desconocidos? ❏ ❏
- ¿Sabes lo que es *sexting* y *grooming*? ❏ ❏
- ¿Sabe tu hijo lo que es el *sexting*
  y el *grooming*? ❏ ❏

RESULTADOS

Si has respondido «verdadero» ocho veces o menos, es probable que no estés al día con los avances tecnológicos, ya sea porque los consideras una moda sin importancia, algo poco práctico o incluso una pérdida de tiempo. Ha llegado el momento de actualizarse. Las nuevas tecnologías son una parte fundamental del presente y del futuro y desempeñan un papel crucial en la educación, la felicidad y el éxito académico y profesional de tus hijos. No basta con saber enviar mensajes por WhatsApp o saberse manejar por internet; también es imprescindible educar en el uso adecuado, prevenir riesgos y ofrecer protección. Por ello, es importante conocer qué es un *smartphone* y sus funciones, contar con herramientas para establecer normas claras y comprender los peligros que pueden surgir en las redes sociales.

Si has respondido «verdadero» entre nueve y dieciséis veces, probablemente seas una madre o padre que ha sabido adaptarse a las exigencias del siglo XXI, manejando con soltura dispositivos móviles, aplicaciones y programas informáticos. Tal vez la tecnología forme parte de tu entorno laboral o, simplemente, la utilizas en tu día a día para facilitar tus tareas y hacer tu vida más práctica y dinámica. Pero ¿estás preparado para actuar si tus hijos sufren ciberacoso? ¿Conoces realmente cómo utilizan ellos internet y las redes sociales? Contar con cierta información y haber compartido algunas pautas no siempre garantiza que estén realmente protegidos. Por eso, es importante seguir aprendiendo y profundizando en estos temas para asegurar que la relación de tus hijos con las nuevas tecnologías sea segura, equilibrada y positiva.

Si has respondido «verdadero» entre diecisiete y veinticuatro veces, representas perfectamente la idea de que el conocimiento es la mejor defensa. Estás al tanto de lo que las nuevas tecnologías pueden ofrecer y comprendes el papel fundamental que juegan en el desarrollo de tus hijos. Gracias a esto, has podido educarlos en un uso responsable y ofrecerles protección. Has dado un primer paso importante: informarte y aprender sobre la marcha, aplicando esos conocimientos a la educación diaria de tus hijos.

Sin embargo, en temas de educación, siempre hay margen para avanzar y el ritmo vertiginoso al que evolucionan los *smartphones* e internet, casi tan rápido como crecen nuestros hijos, es una razón de peso para seguir actualizándote en todo lo relacionado con dispositivos móviles, normas y nuevas tendencias.

El contrato viral de una madre al entregar un móvil a su hijo

Muchos os preguntaréis que qué adulto no va a saber qué es un *smartphone* o cómo manejarlo a estas alturas del siglo XXI, pero no debemos sobrestimar nuestros conocimientos sobre los teléfonos móviles de hoy, algunos son ordenadores más potentes que los que tenemos en casa.

Hoy día la mayoría de las personas dependemos de nuestro móvil, al que dedicamos mucha más atención, porque contiene nuestro día a día: agenda, correo electrónico, redes sociales, WhatsApp, cámara, vídeo, Google Maps, la aplicación para sacar billetes, para comprar o para hacer deporte, nuestro carné de identidad y de conducir, nuestras tarjetas bancarias para pagar en cualquier lugar... Os invito a echar un vistazo a ver qué aplicaciones tenéis y cuánto usáis el móvil cada día. Nos enfadamos porque nuestros hijos están todo el día enganchados a él, pero nosotros mismos siempre tenemos una buena justificación para usarlo y ahí tenemos un reto, ser ejemplo para nuestros hijos con nuestras acciones.

Además de nuestro ejemplo, nuestros hijos necesitan también unas directrices claras a la hora de usar el móvil por lo que recomiendo que, cuando les vayamos a dar uno, les pongamos una serie de condiciones para su uso.

Nos enfadamos porque nuestros hijos están todo el día enganchados al teléfono móvil, pero nosotros mismos lo hacemos. Tenemos el reto de ser el ejemplo de nuestros hijos.

A continuación, os dejo el contrato que una madre, Janell Burly Hofmann, hizo firmar a su hijo de trece años, que se hizo viral. Junto al contrato le escribió una carta en la que le decía que creía que merecía ese regalo porque era responsable, pero le pedía que lo leyese cuidadosamente porque, si no cumplía las reglas, se le retiraría el teléfono. Lo hacía —le escribía— porque consideraba que su deber como madre era criarlo para que se convirtiera en un hombre sano que pudiera funcionar en el mundo coexistiendo con la tecnología, pero sin ser gobernado por ella.

El contrato decía así:

1. El móvil te lo hemos comprado nosotros, hemos pagado por él y te lo cedemos. ¿No somos los mejores?
2. Yo siempre conoceré la contraseña.
3. Si suena, responde, di «hola», sé educado. Nunca ignores una llamada de tus padres.
4. Entrégale el teléfono a uno de tus padres puntualmente a las 19:30 cada noche de escuela y cada noche de fin de semana a las 21:00. Se apagará durante la noche y se encenderá a las 7:30. Si no se hace una llamada a esas horas por la línea tradicional, tampoco hables ni envíes textos. Respeta a otras familias como nosotros querríamos ser respetados.
5. No va al colegio contigo. Mantén conversaciones con las personas a las que envías textos en persona. Esa es una habilidad en la vida. Mediodías, viajes de campo y actividades extraescolares requieren consideración especial.
6. Si se cae al váter o se golpea en el suelo, tú serás el responsable de pagar el reemplazo o la reparación. Corta césped, trabaja como niñero, ahorra dinero de los cumpleaños… Ocurrirá, debes estar preparado.

7. No uses esta tecnología para mentir, embaucar o engañar a otro ser humano. No te involucres en conversaciones que sean hirientes para otros. Sé un buen amigo primero o quédate fuera del fuego cruzado.

8. No envíes textos o correos electrónicos, ni digas nada a través de este dispositivo que no dirías en persona.

9. No envíes textos, correos electrónicos o digas nada a alguien que no le dirías en voz alta frente a sus padres. Censúrate.

10. Sin pornografía. Busca en la red solo información que tú compartirías abiertamente conmigo. Si tienes alguna pregunta sobre algo, pregúntale a una persona (preferentemente a mí o a tu padre).

11. Apágalo, siléncialo, guárdalo en público. Especialmente en un restaurante, en el cine o mientras hablas con otro ser humano. Tú no eres una persona maleducada, no dejes que el *iPhone* cambie eso.

12. No envíes o recibas fotografías de tus partes íntimas o las partes íntimas de otra persona. No te rías. Algún día tendrás la tentación de hacerlo, a pesar de tu inteligencia. Es un riesgo y podría arruinar tu vida adolescente, universitaria y adulta. Siempre es una mala idea. El ciberespacio es vasto y más poderoso que tú. Y es muy difícil hacer desaparecer algo de esta magnitud (incluida una mala reputación).

13. No tomes millones de fotos y vídeos. No hay necesidad de documentarlo todo. Vive tus experiencias. Estarán guardadas en tu memoria para la eternidad.

14. Deja tu teléfono en casa algunas veces y siéntete seguro con esa decisión. El teléfono no está vivo, ni es una extensión de tu persona. Aprende a vivir sin él. Debes ser más grande y poderoso que el FOMO (*Fear Of Missing Out*, expresión utilizada para referirse al miedo a perderse algo).

15. Baja música que sea nueva o clásica o diferente a millones de compañeros que escuchan exactamente las mismas cosas. Tu generación tiene acceso a la música como nunca antes en la historia. Toma ventaja de ese regalo. Expande tus horizontes.

16. Juega algún juego con palabras o rompecabezas de vez en cuando.

17. Mantén tus ojos al frente. Observa mientras el mundo ocurre alrededor de ti. Mira a través de la ventana. Escucha a los pájaros. Camina. Habla con algún desconocido. Imagina sin googlear.

18. Te vas a confundir. Te quitaré el móvil. Nos sentaremos a hablar sobre ello. Y vamos a empezar todo otra vez. Tú y yo estaremos siempre aprendiendo. Estoy en tu equipo. Nosotros estamos en esto juntos.

Este contrato se realizó en 2014, por lo que creo que debería actualizarse en algunos aspectos. Cada padre y madre deben, en cualquier caso, adaptarlo a su criterio, pero como base resulta muy útil.

Sea cual sea el contrato decidido, siempre lo recomiendo porque es más fácil explicarles las normas para el uso del teléfono móvil, normas que, si no se cumplen, tendrán unas consecuencias (recordad lo que hablamos sobre las consecuencias en el capítulo 3), que no intentar atajar el problema cuando ya se nos ha ido de las manos.

Incluso ese contrato puede hacerse dándoles la opción de que hablen, escuchándoles y mostrándonos flexibles, dentro de nuestro criterio. De esta manera, sentirán que han participado en las condiciones de uso y les ayudará a que las cumplan.

Las pantallas están hechas para aliviar y todos caemos

Tenemos que partir de la base, como hemos hablado, de que lo último que se desarrolla en un cerebro es la parte del control de impulsos. Poner límites, además de darles seguridad y con ello tranquilidad, también cumple la función de poder tener mayor control sobre los impulsos.

¿Recordáis el ejemplo que os ponía de los muslos de pollo en el restaurante? En un niño o un adolescente va a primar siempre el deseo de satisfacción inmediata; es decir, lo que les apetece sobre lo que es una responsabilidad y les guste menos. De hecho, una de las características más comunes entre los adolescentes es procrastinar. El «ya lo haré» es constante en ellos y no lo hacen por rebeldía, porque no quieran hacer caso, sino porque están haciendo algo que les gusta más. ¿El niño pequeño por qué va a querer lavarse los dientes si después de cenar sabe que tiene un rato para jugar? ¿El mayor por qué va a querer estudiar si está con el móvil?

Los límites, insisto, son imprescindibles para el control de impulsos, más aún cuando hablamos de nuevas tecnologías, que nos alienan a todos, adultos también. Las pantallas están hechas para aliviar y no es raro que nos descubramos cogiendo el móvil cuando estamos aburridos o estresados. La psiquiatra Marián Rojas Estapé explica este proceso a través de una frase que me parece muy oportuna: «Yo siempre digo que darle a un niño un teléfono es como ponerle un minibar en su cuarto y decirle: cada vez que te encuentras mal puedes tomarte un chupito».

Por lo general, es muy difícil que un niño o un adolescente que todavía no es capaz de controlar bien sus impulsos tenga capacidad para dejar el móvil. Por eso, es muy importante gestionar el tiempo de uso. Si no cortamos lo que están haciendo, ellos van a seguir alargando todo el tiempo que puedan.

Qué, cuándo y cómo permitir el uso del móvil

- **Edades.** Personalmente, no recomendaría que tuvieran un *smartphone* hasta los 16 años.
- **Tiempos.** Cada madre y padre debe regular su uso según su criterio, pero aconsejo que esos criterios siempre estén firmados en un contrato y se contemple el límite de uso. En un chico de doce años, por ejemplo, no debería ser más de media hora al día. A partir de esta edad, se puede

ir subiendo tiempos según consideremos. Recordad: sentido común. Unos límites demasiado estrictos harán que se deprima o rebele y demasiado laxos, que asuma responsabilidades para las que no está preparado.

• **Espacios.** El móvil no ha de utilizarse durante las comidas ni en el tiempo de estudio, tampoco en la cama y por la noche debe estar fuera de la habitación.

La luz azul que emiten las pantallas de los móviles le indica a nuestro cerebro que no es hora de dormir y le impide generar melatonina, la hormona que induce al sueño. De hecho, el móvil genera la hormona opuesta, adrenalina, que excita.

Está demostrado que los adolescentes que duermen ocho horas tienen mejores resultados académicos y son capaces de concentrarse, aprender, memorizar, escuchar y pensar mejor. Sin embargo, los chavales cada vez duermen menos, tienen muchos problemas de sueño, motivados, en muchas ocasiones, por falta de rutinas. El estudio HBSC, auspiciado por la Organización Mundial de la Salud (2024), revelaba que solo tres de cada cuatro estudiantes duermen entre las ocho y diez horas recomendadas por los especialistas.[12]

El cerebro necesita saber a qué hora se tiene que dormir y respetar los ritmos circadianos (ciclos naturales que el cuerpo experimenta en un ciclo de veinticuatro horas). En un adolescente, los ritmos circadianos duran un poco más de veinticuatro horas; por eso, en esta etapa es bastante común que quieran acostarse más tarde y luego les cueste levantarse.

Si a ello le añadimos el móvil por la noche, los problemas se van a multiplicar.

Lo cierto es que soy partidario de que el móvil no esté en el dormitorio por la noche, seamos niños, adolescentes o adultos. Como decía Umberto Eco: «Nosotros somos lo que nuestros padres nos enseñaron cuando no nos enseñaban nada». Educamos más con lo que hacemos que con lo que decimos. No obstante, recurriendo de nuevo a las palabras del juez de menores Emilio Calatayud que avanzaba en las primeras páginas del libro, «todos somos iguales, pero unos más iguales que otros». Y los adultos podemos hacer una serie de cosas que ellos no pueden. Tenemos que educar desde nuestra responsabilidad y el lugar en el que estamos, pero siempre procurando dar ejemplo.

- **Contraseñas.** Es muy importante que tengamos sus contraseñas y sepamos por dónde se mueven. La vida *online* y la vida *offline* son lo mismo; es decir, en un *smartphone* hay los mismos riegos que en la calle. Si nosotros supervisamos con quién va y a qué hora volverá y, según donde vaya, le acompañamos, lo mismo hemos de hacer en la vida *online*, que está llena de riesgos, riesgos que no ve por esa falta de control de impulsos y que le pueden llevar a cometer acciones que le generarán problemas.
- **Supervisión.** Debemos tener un control completo sobre su móvil. No vale el «es mío»; no, no es suyo, el móvil es nuestro y se lo damos porque queremos, no por obligación. Para evitar entrar con ellos en una discusión que

no ayuda ni a padres ni a hijos, es importante explicarles desde el principio, con cariño y paciencia, que nosotros vamos a supervisar y regular lo que haga con ese aparato.

- **Pornografía.** El problema con la pornografía es muy grave, debemos estar muy atentos. Los padres no son conscientes de lo que los hijos ven en internet ni de si son capaces de procesarlo correctamente o no. Un niño o un adolescente ve una película de superhéroes y tiene claro que, por ejemplo, el increíble Hulk no existe; sin embargo, si están viendo porno en el móvil no diferencia. Este es uno de los mayores riesgos del móvil, el acceso temprano al porno.

La extendida falta de supervisión del uso del móvil de los niños ha adelantado muy peligrosamente su consumo. En 2024 el Ministerio de Igualdad presentaba una campaña bajo el título *Vamos a hablar de pornografía* (podéis enlazar al vídeo a través del código QR al final del libro) para sensibilizar sobre los riesgos asociados al acceso temprano a contenidos pornográficos. Según algunos de los estudios que presentaba, se está iniciando su consumo a los ocho años. El 90 % de las madres y padres, sin embargo, cree que sus hijas e hijos no ven porno.

Al problema de que creen que el porno que están viendo es la realidad habitual, se suma que, además, pueden empezar a tener relaciones sexuales muy temprano. La edad media de inicio de las relaciones sexuales de las chicas en España es de 15,8 años. Debemos ser conscientes de ello. En esto

—ni en nada en educación— no podemos ponernos una venda y decir: «Esto a mi hija no le pasará».

- **Derecho a la intimidad.** Hay una pregunta que se plantean muchos padres: ¿puedo mirar el móvil a mi hijo? ¿Dónde está su derecho a la intimidad? La respuesta certera me la dio Emilio Calatayud: el deber de protección de los padres prima por encima del derecho a la intimidad de los hijos. Es decir, si yo sospecho que a mi hija o mi hijo le puede estar ocurriendo algo, puedo mirar su móvil, igual que puedo ver dónde va, por mucho derecho a la intimidad que tenga.

Por otro lado, las herramientas de control parental son de gran ayuda para los padres, recordando siempre que son para priorizar la salud y seguridad de los chavales, que no tienen el control necesario para regular su uso. No es una cuestión de no confiar en ellos, pero sí de ser conscientes de lo que pueden o no hacer.

El Instituto Nacional de Ciberseguridad publicó una completa guía de controles parentales con diferentes herramientas y servicios de configuración de controles parentales para diferentes dispositivos, como son el filtrado de contenidos, el control del tiempo, la supervisión de actividad, la geolocalización y la protección de la configuración (puedes descargarla en el QR al final del libro; en este enlace encontrarás también las líneas que ofrecen para comunicarse con ellos, un servicio gratuito y confidencial).

¿Nos parecería bien dar una cerveza o un cigarro a un niño de trece años?

Las normas, insisto, son imprescindibles para evitar los problemas que está provocando el uso excesivo de las nuevas tecnologías, que, según la Organización Mundial de la Salud, provocan una adicción con los mismos síntomas que las sustancias químicas. Cuando una persona es adicta, no es adicta a una sustancia, es adicta a la dopamina que genera al cerebro cuando realiza esa actividad. Cuando hay un abuso del uso de pantallas, ocurre lo mismo, es fácil que se cree una dependencia. También hay tendencia a la adicción al *scroll*.

Todos estamos un poco enganchados y hay personas que son más tendentes a las adicciones; por eso es muy importante la prevención. Cuando nuestro cerebro solo es capaz, por esos circuitos de recompensa que genera la dopamina y que nos hacen estar bien, de tener bienestar si estamos ante una pantalla, ya hay un problema de adicción.

Antes de entregar un móvil a nuestro hijo debemos ser muy conscientes de las graves consecuencias que le puede provocar. Los padres deberíamos preguntarnos: ¿Nos parecería bien dar una cerveza o un cigarro a un niño de trece años? El móvil, en realidad, es lo mismo; puede provocar el mismo efecto.

Algunas señales nos pueden ayudar a detectar un problema de adicción.

Signos de alarma de la adicción a las pantallas

- Privación de sueño o inversión del ciclo vigilia-sueño para usar internet/jugar *online*.
- Deja de quedar con amigos, abandona otras actividades de ocio.
- No quiere ir a lugares en los que no se pueda conectar o jugar *online*.
- Faltas al instituto, empeoramiento significativo de las notas.
- Quejas de personas cercanas sobre el uso excesivo de internet.
- Aislamiento en su habitación, descuido de higiene personal.
- Irritabilidad, cambios de humor.
- Mentiras, cambio de conducta.

¿Cómo evitamos llegar a esos problemas? Poniendo normas.

El Gobierno de Aragón lanzó una campaña con recomendaciones para el uso del móvil que deberíamos aplicarnos todos, jóvenes y no tan jóvenes.

Cómo sacar un 10 en el uso responsable del teléfono móvil

• Protege siempre tu intimidad y la de los demás. Evita compartir fotos y datos con extraños.

• Márcate momentos libres de móvil, como las comidas y las cenas, y conviértelos en tiempo para hablar y para la familia.

• El móvil tampoco es necesario para estudiar, salvo indicación del profesorado. Acabarás antes, evitarás distracciones y tendrás más tiempo para otras cosas.

• Apuesta por ver una película o leer antes de dormir. Si usas el móvil antes de acostarte, puedes tener problemas para conciliar el sueño.

• Fomenta las relaciones personales cara a cara y acude al móvil solo cuando sea necesario.

• Controla los excesos y limita su uso. Recuerda que el móvil cuesta dinero. Sé prudente en su uso o comparte gastos si no asumes tú su coste completo.

• El uso del móvil debe abordarse en familia. Los adultos también deben dar ejemplo de un uso adecuado.

• Contribuye a crear entornos digitales saludables, conociendo las posibilidades que brindan las nuevas tecnologías como elemento de trabajo.

• Plantéate si toda la información que recibes en el móvil es correcta. Aprende a reconocer la fiabilidad de las fuentes.

Las redes que enredan

También debemos enseñarles a manejarse en las redes sociales. Además de los problemas que puede conllevar su uso excesivo, son un espacio de comunicación muy complejo y lleno de riesgos, por lo que no es recomendable que las tengan antes de los dieciséis años. La vida que muestran no es real y necesitan cierta madurez para saber manejarse en ellas.

Las redes son para los adolescentes un signo de estatus en función de los seguidores que tienen. Necesitan tener muchos seguidores, pero seguir a pocos; también necesitan muchos me gustas y saben a qué hora tienen que subir los *posts* para recibir más me gustas. Muchas de sus acciones giran en torno a lo que van a subir e imaginando las reacciones que van a conseguir. Recuerdo haber escuchado a un profesor decir que preguntó a una niña en clase cuánto era 1 mg y le contestó: «¿Solo 1 me gusta?».

Aquí radica uno de los principales problemas de las redes: hacen los adolescentes que priorizan tener muchos seguidores o muchos me gusta. La respuesta extrema la hemos visto desgraciadamente a menudo en los periódicos con las peores consecuencias: realizan acciones inadecuadas y juegos peligrosos. Por lo general, los chicos suelen realizar actividades muy arriesgadas y las chicas tienden a dejarse llevar más por la estética de su *influencer* favorita, que las arrastra en una carrera contra lo que no son y les provoca mucha ansiedad.

Y esta es otra consecuencia de las redes sociales. Les impiden discernir entre realidad y ficción. Tienen unas expectativas irreales porque consumen constantemente una vida irreal. Hay niñas y niños que no se conocen en el espejo sin el filtro de las redes. Los niños se saben ya las charlas de los peligros de internet; en mis encuentros con ellos no les digo «esto puede pasar», sino «esto te puede pasar a ti».

Las redes les impiden discernir entre realidad y ficción, y los llevan a tener conductas de riesgo por ganar seguidores o *likes*.

Por otro lado, las nuevas tecnologías generan el problema de la inmediatez, todo lo queremos y lo queremos ya. Eso es algo que se ve mucho en los adolescentes, pero también lo tenemos los adultos. Vemos una toalla en internet, nos encanta y la compramos para que llegue al día siguiente, aunque cuando venga la guardamos en el armario porque es invierno y no la vamos a usar hasta el verano siguiente, pero necesitamos tenerla.

Eso es algo que debemos aprender los adultos y saber transmitírselo a nuestros hijos. Para evitar frustraciones, para evitar incluso ansiedad, hemos de enseñar a esperar. No todo en la vida viene ya, en la vida hay cosas por las que tenemos que esperar. Si crecen en tenerlo todo, tarde o temprano llegará la realidad de la vida y con ella las frustraciones. Vendrá *Walking Dead*.

El algoritmo de las redes sociales deriva a lo que ellos quieren consumir. Para el algoritmo es sencillo darles lo que necesitan y, al final, manipularlos. Esto se ve muy bien en la película documental *El dilema de las redes*, que analiza la influencia de las redes sociales centrándose en la explotación de los usuarios para beneficios económicos. No se puede hacer publicidad a menores, pero las redes facturan de esta forma millones y millones de dólares.

Otro riesgo de las redes es que dejan de socializar porque les es mucho más cómodo tener el mundo en sus manos, algo que perjudica en especial a los más introvertidos, que no necesitan salir para hablar.

Las redes son también fuente de bulos y fraudes, discursos de odio y comunidades peligrosas como páginas que incitan a la anorexia y a la bulimia.

El programa *Salvados* (La Sexta) emitió un especial de dos capítulos bajo el título «Redes Sociales» en el que analizaban los riesgos que esconden estas plataformas para el usuario común sin que se haga nada al respecto.

En el espacio manejaban cifras escalofriantes:

- 1 de cada 8 niños recibe acoso sexual en Instagram.
- 1 de cada 5 se siente peor sobre sí mismo después de usar Instagram.
- 1 de cada 10 recibe *bullying* en Instagram.
- 1 de cada 4 niños ve que lo anterior está sucediendo mientras Instagram no hace nada al respecto.

El engaño y la manipulación de las redes se puede ver muy gráficamente en un experimento que se hizo con adolescentes con Facebook y cuyas reacciones se grabaron en vídeo (en el código QR al final del libro puedes verlo). Muestra tres casos distintos, tres niñas de doce, trece y catorce años a las que un adulto, que se hace pasar por adolescente, contacta por internet. Ante el asombro de los padres, algunos de los cuales habían hablado con sus hijas sobre los peligros de las redes, el falso adolescente no tarda en conseguir los datos personales de las niñas e incluso concertar una cita: una le llega a abrir la puerta de su casa y otra a meterse de noche en el coche donde supuestamente le espera el falso adolescente. No podemos ponernos la venda en los ojos, nos puede pasar a todos y debemos estar alerta.

Al día en los delitos más comunes en internet

- *Grooming.* ¿Dejarías a tu hija o hijo quedar con un desconocido al que acaba de contactar en redes? Esto puede generar *grooming*, el delito que define el acoso y abuso sexual *online*. Un adulto se hace pasar por otro con un perfil falso, contacta con un menor de edad y se gana su confianza con una finalidad sexual.
- *Hacking.* Todos somos vulnerables con las cuentas. Es fácil que nos las piratean. Es importante advertirles (y aplicárnoslo nosotros también) que cambien a menudo las contraseñas, que sean largas con letras, números y símbolos y que no las compartan para evitar que se cometan delitos desde su perfil.
- *Sexting* (mensajes explícitos, fotografías con contenido

erótico o sexual). Es una de las prácticas más extendidas. En una ocasión pregunté a mis alumnos de Electromecánica cuántos habían visto una foto de la novia de algún amigo desnuda y todos levantaron la mano. No es ni siquiera malicia, es su forma de actuar. Los adolescentes no son malos, se comportan mal porque no se los ha educado bien. Se mandan las fotos porque han jurado amor eterno a su pareja de hace quince días y luego pierden el control de esa foto, que empieza a circular por demasiados sitios.

- **Ciberbullying**, el acoso a través de las redes sociales. Es uno de los delitos que más estragos están cometiendo entre los adolescentes. Uno de los casos más conocidos es el de Amanda Todd, una chica canadiense de dieciséis años que en 2012 compartió un vídeo de nueve minutos explicando sus experiencias en YouTube. Se titulaba *My Story: Struggling, bullying, suicide and self-harm* ('*Mi historia: Agobio, acoso, suicidio y autolesiones*'). Los problemas de Amanda habían empezado cuando tenía doce años y compartió una foto sin camiseta con un «amigo *online*» (*sexting*). Este la utilizó como herramienta de extorsión para que hiciese un *striptease online*. Al negarse, difundió públicamente la foto en internet y con todo su entorno, lo que hizo que hubiese no solo ciberacoso, sino también acoso por parte de su círculo. Amanda perdió el control de su foto y de su vida. A pesar de cambiarse de ciudad y de centro, no logró escapar de la estigmatización social, que le trajo el acoso en todos los lugares donde intentó empezar una nueva vida. Finalmente, se suicidó.

Para prevenirlo, es importante que padres, profesores y compañeros estén pendientes del menor agredido para que sepa que se le apoya y para que nos lo cuente. Los cambios de actitud y los desarreglos emocionales se perciben mucho cuando se encuentran en una situación de acoso. Recordémosles a menudo que tengan cuidado con lo que publican, que no conviene compartir detalles de nuestra vida, así como informaciones sobre otras personas. Todo lo que se comparte en la red permanece allí y escapa a nuestro control. Os recomiendo que veáis el vídeo *El adivino de las redes sociales* (os lo dejo en el código QR al final del libro).

En definitiva, las redes generan impulsividad, dificultad de autocontrol, presión social, pertenencia al grupo y referentes en la red, lo que provoca también baja cohesión familiar y puede generar ambiente de conflicto y ausencia de autoridad, carencias afectivas, dificultades comunicativas y carencias de modelos de comportamiento. De ahí que insisto en la importancia de normas de uso claras y familia como modelo.

Cuando las consolas dejan de ser un juego

Tener hijos es un trabajo, no es dejarlos con el móvil o la consola como cuidadores; eso no funciona. Los videojuegos también deben tener un límite de uso.

Los videojuegos no son malos, aunque algunas voces solo ven su parte negativa. Tienen efectos positivos, como enseñarles a buscar soluciones o tomar decisiones, a entrenar la memoria o desarrollar la coordinación. Eso sí, debemos también conocer los juegos que usan. Para ello nos ayudará ver los símbolos que aparecen en la caja, el etiquetado PEGI, sistema de clasificación europeo de los contenidos de los *softwares*. Aun conociéndolos, como todo, su mal uso puede ser muy perjudicial.

Por ello es importante mantener las normas que hayamos decidido. Fijar el tiempo debe significar también apagar la consola cuando se cumpla el plazo, porque si no lo hacemos siempre hay un «espera a que termine la partida» y un «he ganado y tengo que seguir» o bien un «he perdido y tengo que seguir también para demostrar…».

Como regla general, además de limitar el tiempo, no se debería jugar entre semana. Muchas veces los chicos hablan de aburrimiento, pero el aburrimiento es bueno, necesario, pues agudiza el ingenio y genera creatividad. Si no hay móvil ni videojuegos, se buscan una actividad alternativa, pero si, presionando, consiguen lo que quieren no van a buscar esa actividad alternativa.

Otras normas que recomiendo en el uso de los videojuegos son:

- Ordenador y videoconsola deben estar en un lugar concurrido de la casa.
- No se pueden permitir bajo ningún concepto insultos ni invasión de la intimidad de otros jugadores.
- No se puede dar información personal propia ni de ningún conocido.

- Está terminantemente prohibido acceder a plataformas de pago sin el consentimiento de los padres.

Cierro este capítulo con un poema para reflexionar de la *influencer* Kori Jane:

Creo que nuestros padres tenían razón:
eran los malditos teléfonos.
Nos reíamos cuando decían
«deja ese *snap-gram, insta-chat* y *face-talk*».
No lo entendían, ni siquiera sabían decirlo bien.
Pensábamos que sabíamos más que ellos,
ellos no comprendían lo que era
tener un mundo al alcance de tus dedos.
Desplazábamos el *scroll* a través de toda la basura,
tanto que ahora llevamos titulares tatuados en la piel,
cables en vez de venas
e IA en vez de un cerebro.
Quizá no lo entendían,
pero tenían razón:
eran los malditos teléfonos.
Una droga en mi bolsillo,
un anhelo constante de estimulación.
Pero ¿podemos culparnos?
Éramos solo niños cuando nos los dieron.
No sabíamos cómo parar.
Si sumara todas las horas
que he pasado frente a una pantalla,

el peso del arrepentimiento y el vacío existencial
me aplastarían.
Así que evito este hecho,
y sigo tecleando.
No puedo simplemente tirarlo.
Es nuestro medio de comunicación,
como conectamos unos con los otros.
Es la medicina que sé que está matándome el alma.
Solía pensar que nací en la generación equivocada,
pero estaba equivocada, porque,
¿acaso no hago yo todo lo que digo odiar?
Cuando miro al espejo,
veo un fantasma que me mira de vuelta.
Intento no imaginar quién sería sin la tecnología.
El personaje que hay detrás de la pantalla
ahora tiene conciencia propia
y eso es aún peor que ser ingenuo,
porque sé que es veneno,
y, aun así, lo sigo bebiendo.
Antes temíamos que los robots
adquirieran conciencia,
una mentira de las empresas de redes sociales para distraernos
del desastre que han creado.
Nosotros somos los robots,
somos el producto.
Así que me siento, desplazo el *scroll* y me pudro.
Una y otra vez:
me siento, desplazo el *scroll* y me pudro,

hasta que mis pensamientos
se convierten en el propio alimento
que se me da desde televisión,
hasta que mis sentimientos
se envuelven en celebridades,
hasta que mi cuerpo
es solo una herramienta de identidad política.
Y así sigo: me siento, desplazo el *scroll* y me pudro.
Y publico en internet
que internet nos ha fallado,
para no fallarle yo a mi existencia en internet.
Creo que nuestros padres tenían razón:
eran los malditos teléfonos.

Apuntes clave

• La exposición excesiva a las nuevas tecnologías en niños y adolescentes puede causar problemas físicos, emocionales y en el desarrollo cognitivo, problemas en el lenguaje, bajo rendimiento escolar y falta de resiliencia. Australia ya ha implementado leyes estrictas para proteger a los menores en entornos digitales, como la prohibición del uso de redes sociales para menores de dieciséis años. En España, se ha aprobado la *Ley de Protección de los Menores en los Entornos Digitales*.

• Es crucial que los padres sepan manejarse en las tecnologías para establecer normas claras, dar un buen ejemplo con el uso de los dispositivos y acompañar a los hijos en el proceso de crecimiento, asegurándose de que comprenden los riesgos y respetan los límites.

- Los acuerdos por escrito sobre el uso de dispositivos, incluyendo límites horarios, restricciones de acceso y consecuencias cuando no se cumplen, son de gran ayuda para que los hijos tengan unas normas claras que no lleven a discusiones continuas. El uso descontrolado de pantallas puede generar dependencia similar a sustancias químicas debido al circuito de recompensa cerebral. Los límites son clave para prevenir esta adicción.

- Las redes no son recomendables para menores de dieciséis años debido a los riesgos de acoso, manipulación y exposición a contenidos irreales que generan ansiedad y problemas de autoestima. Hay, además, otros muchos riesgos tipificados como delitos como *grooming, sexting, ciberbullying* y *hacking*.

- El uso excesivo de los videojuegos también debe limitarse con unas normas que fijen los horarios de juego, evitándolo entre semana.

La salud mental es cosa de todos

> La educación de la voluntad, la independencia
> y el dominio de sí mismo son el más valioso
> aporte pedagógico.
>
> WILHELM STEKEL

La salud mental es cosa de niñas, niños y adolescentes. Así se titula el Barómetro de Opinión de la Infancia y la Adolescencia 2023-2024, un informe elaborado por Unicef España y la Universidad de Sevilla.[13] Este estudio, realizado a partir de las opiniones de los jóvenes, destaca que el 41 % de los adolescentes en España (cuatro de cada diez) manifiesta haber tenido o cree haber tenido un problema de salud mental, más de uno de cada tres no ha hablado con nadie de esos problemas y más de la mitad no ha pedido ayuda.

Es un problema a nivel internacional. Según la Organización Mundial de la Salud,[14] una de cada siete personas jóvenes de entre diez y diecinueve años tiene algún problema de salud mental, un problema que se agravó a raíz de la pandemia.

Los principales trastornos mentales que afectan a los adolescentes son depresión, ansiedad, abuso y dependencia de sustancias (alcohol y drogas) o adicciones conductuales (juegos, sexo, nuevas tecnologías), trastornos de conducta alimentaria y trastornos adaptativos y de estrés. Existen, no obstante, otros trastornos como los de personalidad, bipolar, esquizofrenia, discapacidades intelectuales o autismo. Aunque en este capítulo me centraré en los trastornos más habituales y, dentro de estos, en todo aquello que los padres podemos hacer para el bienestar de nuestros hijos y su salud mental, no puedo dejar de traer a estas páginas una mención al suicidio. Hoy en día en España el suicidio es la primera causa de muerte no accidental en la etapa infantojuvenil.

Según los últimos datos del Observatorio del Suicidio,[15] si en 2021 preocupaba el alto número de suicidios infantiles (veintidos menores de quince años se quitaron la vida, frente a los trece de 2022), en 2022 llamó la atención al aumento del suicidio adolescente (de quince a diecinueve años), especialmente en varones: mientras que en 2021 se produjeron cincuenta y tres suicidios (veintiocho chicos y veinticinco chicas), en 2022 fueron setenta y cinco (cuarenta y cuatro chicos y veintiuna chicas). La situación es cada vez más preocupante. «El suicidio es una solución eterna para un problema que muchas veces es temporal», señala Enric Armengou en su libro *Romper el silencio* (Plataforma Editorial, 2024).

La resiliencia, aliada en el camino de la estabilidad mental

Empecemos definiendo qué es la salud mental. Según la OMS, es un estado de bienestar que permite a las personas hacer frente a los momentos de estrés de la vida, desarrollar todas sus habilidades, poder aprender y trabajar adecuadamente y contribuir a la mejora de su comunidad.

Tras el camino recorrido en este libro, creo que a todos os resonarán estas palabras. ¿Qué es ser resiliente, uno de los conceptos más utilizados a lo largo de estas páginas, sino hacer frente a los momentos de estrés de la vida, desarrollar las habilidades de cada uno, aprender y trabajar adecuadamente e integrarse en el entorno?

Recordad: todo se puede educar y los padres tenemos mucho que hacer a la hora de plantar la semilla de la resiliencia en nuestros hijos, permitirle germinar y crecer. ¿Qué no debemos hacer y qué sí?

Diez factores de riesgo que pueden provocar problemas de salud mental

- Falta de supervisión de la conducta de los hijos.
- Falta de comunicación de normas y de expectativas de conducta para los hijos.
- Permisividad en el uso de nuevas tecnologías.
- Exposición a abusos de sustancias o conductuales.

- Pautas de disciplina muy severas.
- Exceso de exigencia de padres, madres, entrenadores o profesores.
- Perfeccionismo, autoexigencia excesiva.
- Presencia de conflicto familiar.
- Ausencia de vínculos afectivos o pobreza en la comuni cación padres-hijos.
- Ausencia de herramientas para afrontar las dificultades, frustración entre la realidad y lo que debería ser.

Diez factores de protección de la salud mental

- Presencia de herramientas para la resiliencia.
- Normas familiares y pautas de conductas claras y estables.
- Vínculos emocionales positivos entre padres e hijos.
- Comunicación en el seno familiar.
- Métodos de disciplina positiva en la educación.
- Gratitud y satisfacción con la vida.
- Seguimiento de la conducta de los hijos (actividades fuera de casa, relaciones, etcétera).
- Implicación significativa de los padres en la vida de los hijos.
- Fomento de una red sana de apoyo y apoyo de los padres en la participación de los hijos en actividades sociales.
- Ayuda profesional.

Cómo conseguir que nuestros hijos se sientan bien

La felicidad —como veíamos en el capítulo 2— es el bienestar subjetivo percibido; es decir, es algo subjetivo, no concreto, y es el sujeto quien lo percibe.

Para una buena salud mental de los hijos, necesitamos trabajar para guiarlos hacia el bienestar mental y para ello debemos enseñarles a hacer frente a las dificultades.

A lo largo del libro hemos estado viendo los pasos para hacerles crecer en la resiliencia, fundamental para su buena salud mental. Los anteriormente citados factores de protección de la salud mental nos ayudarán en ese camino de crecimiento hacia la estabilidad emocional y mental.

1. PRESENCIA DE HERRAMIENTAS PARA LA RESILIENCIA

Aunque todas las pautas que aporto en estas páginas sirven para fomentar la resiliencia, lo considero un factor a remarcar. Es fundamental dar a nuestros hijos, desde pequeños, estrategias para que vayan solucionando sus problemas en función de su edad y madurez frente a solucionarles todo. De este modo, cuando tengan un problema, en vez de quejarse, tendrán la herramienta para poder solucionarlo. Además, los fortalece emocionalmente, les ayuda a tener relaciones saludables, manejar conflictos y ser asertivos, fortalece su autonomía y autoestima y, en definitiva, los prepara para la vida adulta.

2. NORMAS FAMILIARES Y PAUTAS DE CONDUCTAS CLARAS Y ESTABLES

Es fundamental ponerles límites y decirles no. Me encuentro con personas en consulta y en el instituto a las que parece que los límites les coartan la libertad, pero hay que ponerlos. Un padre me comentaba que su hijo no quería aceptar las normas y esto puede ser habitual, porque si las normas no gustan es lógico que no se quieran aceptar, pero hay que cumplirlas. Le puse el ejemplo de la alimentación y la salud física. Una de las cosas que más nos preocupan a los padres es que nuestros hijos estén bien físicamente. Para ello empezamos cuidando su alimentación y poniéndoles en la comida normas y límites como «no puedes comer todo el dulce o todas las patatas fritas que quieras, hay que comer verduras, frutas, pescado, de todo…». Les ponemos normas sanas, límites que consideramos que son lo mejor para ellos, no lo hacemos para fastidiarles.

Si no les ponemos límites con el chocolate, la mayoría de los niños se van a inflar a tomarlo, no porque se quieran cuidar mal, sino porque les encanta y no tienen suficiente control de impulsos. Lo mismo les pasa con la falta de límites con los juegos, el móvil o el salir. No es que nos quieran fastidiar, es que hay que guiarlos, tienen que aprender que hay unos tiempos que ellos todavía no saben controlar. Esos son los límites.

Los límites y las normas les ayudan a tener una buena salud mental porque aprenden a asumir responsabilidades, a aceptar que no pueden tener todo que quieren y a controlarse. Y esto es imprescindible para que, cuando vayan creciendo, tengan la capacidad de saber decir «hasta aquí», de saber gestionarse.

Igual que les ponemos límites con la comida para que crezcan bien alimentados, debemos ponérselos con los juegos, el móvil o el salir.

---

3. VÍNCULOS EMOCIONALES POSITIVOS ENTRE PADRES
   E HIJOS

Los factores que los alteran en su entorno más cercano, en casa, pueden ser fuente de una mala salud mental. Ejemplos habituales de los que muchas veces no somos conscientes y que les afectan enormemente es que se les grite, que no se les deje hacer nada, que se los presione, que se esté siempre encima, que se los trate en negativo diciéndoles que no hacen nada bien o que son un desastre.

Una madre en consulta me confesaba que ella siempre estaba gritando, que no podía evitarlo. «Estoy siempre regañándole y, cuanto más le digo, de peor modo actúa conmigo. Pero también hay momentos buenos», me decía, cosa que valoré porque cuando la situación está rota cuesta más todo, pero si hay momentos buenos es que hay relación. En esos momentos buenos el niño le decía: «¿Ves, mamá? Esto lo hago bien», intentando demostrar que era capaz. A ese niño le estaba afectando el discurso de la familia, emocionalmente estaba tocado.

No nos damos cuenta, pero es muy habitual lanzar contra ellos nuestra frustración porque no aceptamos cómo son o cómo se comportan. Eso también les afecta. Recordad, como hemos ido viendo en el libro, que debemos educar al hijo que tenemos, no al que nos gustaría tener. Eso no significa que les tengamos que dejar hacer lo que quieran, debemos poner normas, pero con el objetivo de que estén bien.

Generamos trastornos cuando durante la educación no les hemos dejado que se equivoquen porque hemos pretendido que sean perfectos. Esto puede potenciar, además, la autoexigencia que se aplican algunos niños, que sienten que no pueden hacer nada mal y en cuanto algo no sale bien, que ocurre, se autoflagelan. Solo se permiten hacerlo todo perfecto, lo que les produce ansiedad y estrés.

Desafortunadamente, es habitual que lancemos, consciente o inconscientemente, nuestra frustración contra nuestros hijos porque no son como nosotros queríamos. Ellos son muy sensibles a estas actitudes.

---

4. COMUNICACIÓN EN EL SENO FAMILIAR

Los factores que los alteran en su entorno exterior también son fuente de riesgo. Hay niños que lo pasan muy mal en el colegio, a veces se sienten excluidos por los propios amigos; otras sufren *bullying*.

¿Qué podemos hacer los padres? Estar muy presentes en su día a día para tomar consciencia de cómo se sienten y saber qué les pasa. Cuando un niño no se siente bien, en general, va a tener muchas dificultades para expresarlo. Por eso, tenemos que poner los cinco sentidos, para *escuchar* lo que no pueden expresar.

Recordemos las partes del cerebro que mencionamos en el capítulo 4:

- Cerebro instintivo: actúa a través de las sensaciones, reaccionando de manera automática a aquello que nuestros sentidos perciben.
- Cerebro límbico, reactivo o emocional: actúa —como consecuencia de las sensaciones— a través de las emociones, que son mecanismos de adaptación a una situación.
- Cerebro cognitivo o racional: interviene la inteligencia y es la fuente de los sentimientos, que es una emoción más un pensamiento. No podemos tener un sentimiento sin tener antes una emoción. Sin embargo, sí podemos tener una emoción sin tener un sentimiento.

¿Recordáis que las emociones tienen cara? Podemos ver la emoción que prima en nuestro hijo en ese momento solo con verle la cara y eso es muy importante en la salud mental. Por eso tenemos que conocer a nuestros hijos.

Un sentimiento, sin embargo, es difícil de identificar, de ahí que la única forma de conocer el momento por el que está atravesando es tener una buena relación con ellos desde pequeños para que puedan expresarse libremente con nosotros. Sin duda, aunque demos la misma educación a nuestros hijos, habrá niños que, por su temperamento, sean más cerrados y les cueste más expresarse. Con ellos, tendremos que estar más atentos y encontrar entornos y momentos donde sepamos que ellos se sienten seguros para poder expresarse. Debemos aprender a identificar sus comportamientos o conductas desde pequeños, saber qué significan, y eso se consigue dedicándoles tiempo.

Cuando mi hijo viene a buscarme al trabajo y me dice que conduce él de vuelta a casa, sé que ese día ha ido bien; volvemos charlando y riendo. Si dice que no tiene ganas de conducir, sé que no ha ido bien, está triste o enfadado. Se pone música y, si me comenta algo, respondo, pero no actúo. Solo le puedo preguntar si ha pasado algo y recordarle que si quiere me lo puede contar. Puedo hacer eso porque, previamente, todos los años anteriores, he dejado que me cuente cosas y le he dado la importancia que tenían para su momento. La capacidad de expresarse y sentirse escuchado es base también para su salud mental. Si otro día mi hijo quiere conducir, pero no aparcar porque en mi garaje hay que hacer mucha maniobra, ese día sé que está cansado y, si le aprieto a hablar, va a saltar.

Insisto en la importancia de la comunicación para darles una base de estabilidad mental. Retomo el ejemplo del niño que llega a casa feliz porque ha metido un golazo por la escuadra y tiene al día siguiente examen de matemáticas. No le podemos callar y decirle que más le valía preocuparse por el examen y dejarse de tonterías. El examen de matemáticas de mañana es su responsabilidad, pero está emocionado contándonos todo sobre el golazo. Escucharle hará que también nos cuente cuando no le hayan dejado jugar y le hayan sentado en el banquillo y esté triste o enfadado.

Una parte fundamental de la salud mental es la interacción con los hijos, que tengan la confianza de que pueden hablar con los padres, que haya un diálogo y que sepamos cómo están.

Esta confianza se va creando con el tiempo, desde pequeños. Si no se ha hecho hasta ahora, quizá sea más difícil, pero se puede empezar a construir tengan la edad que tengan, con paciencia y constancia. Contémosles cómo estamos nosotros y dejemos que nos cuenten cosas, aunque no nos gusten, sin reaccionar a través del enfado o siendo despectivos porque, si un día actuamos así, dejará de explicarnos cosas. ¿Para qué, si se va a sentir juzgado y sin apoyo? Tenemos que comprender a nuestros hijos, ponernos en su piel. Quizá un problema que veamos tan sencillo como decir no, el niño o el adolescente no puede hacerlo.

Al prestar atención a cómo están, estamos cumpliendo con nuestro deber de ayudar a nuestro hijo a encontrar una solución a su problema. Repito: a encontrar una solución, no a solucionárselo.

Una parte fundamental de la salud mental es la interacción con los hijos: que ellos tengan la confianza de hablar con los padres, que haya un diálogo y que sepamos cómo están.

---

5. MÉTODOS DE DISCIPLINA POSITIVA EN LA EDUCACIÓN

Una de las razones de la importancia de escucharles sin juicio es abrirnos a un diálogo, no cerrarnos a ellos ni ellos a nosotros. Cuando no estamos de acuerdo con algo que nos están contando, porque pensamos de maneras diferentes, tendemos a responder intentando convencer. Esto lo único que hace es poner una barrera entre ambos.

A veces a las familias les preocupa qué valores, creencias y actitudes obtienen sus hijas o hijos adolescentes cuando están fuera de casa. Cuando estos valores, creencias o actitudes no son los que como familia consideramos adecuados nos preocupamos. Para evitar este tipo de situaciones, lo que hay que hacer es escuchar a los hijos, comprenderles, pensar realmente por qué tienen esa actitud o creencia o han adquirido ese valor y en vez de negárselo o criticarlo sencillamente decirles que a nosotros no nos gusta, explicar por qué y darles nuestra versión. Si la relación es buena y tenemos credibilidad sobre ellos, esto hará que ese mensaje que les estamos dando cale en ellos sin sentirse agredidos.

6. GRATITUD Y SATISFACCIÓN CON LA VIDA

Os hablaba en el capítulo 6 sobre el valor de la gratitud. Además de enseñarles a ser agradecidos con lo que tienen, debemos evitar sobreprotegerlos, porque eso los hará, como hemos visto, más ingratos.

Todos queremos que nuestros hijos sean felices, pero la felicidad no es darles todo lo que quieren, porque al final generas niños que no toleran la frustración, intentan siempre imponer su criterio y quieren todo ya. Como les queremos evitar todos los sufrimientos, les impedimos que tengan esas emociones y, cuando lo vivan, no van a saber gestionarlas. Esto hace que el cerebro se defienda teniendo una mala salud mental, porque no pueden hacer frente a momentos de estrés.

«Cuando los protegemos en exceso —dice Enric Armengou en *Romper el silencio*—, les evitamos el sufrimiento y los colmamos de atenciones. De esta manera, se forman niños caprichosos, omnipotentes y vulnerables, que son carne de cañón para aquellos que comercian con las necesidades del otro. Criamos consumidores de lo inmediato y personas impacientes que buscan la gratificación automática».

Hay otra consecuencia de la sobreprotección. Cuando estamos encima de ellos constantemente, diciéndoles siempre lo que tienen que hacer, primero, no aprenden a tomar decisiones y, segundo, como hacen lo que les decimos nosotros, no aprenden a asumir responsabilidades porque, si algo no sale bien, la responsabilidad es nuestra.

Habitualmente, tendemos a sobreproteger o a hacerlos autónomos muy temprano, es decir, les damos demasiadas responsabilidades que no tienen capacidad para asumir. Armengou habla de la educación carenciada, que es cuando les permitimos tomar decisiones para las que no están preparados: «Así como consideraríamos una imprudencia permitir que un chico de trece años condujera un coche por la calle, del mismo modo lo es dejarlo solo en la jungla de la vida sin protegerlo. De esta manera, los dejamos desatendidos ante el mundo caníbal que habita en internet, por ejemplo, donde todo vale, o en manos de grupos sociales perniciosos y a merced de conductas de riesgo».

A menudo oscilamos entre dos tipos de educación. La primera es la sobreprotección; la segunda, la educación carenciada, que es cuando les permitimos tomar decisiones para las que no están preparados.

---

7. SEGUIMIENTO DE LA CONDUCTA DE LOS HIJOS (COMO LAS ACTIVIDADES FUERA DE CASA Y LAS RELACIONES)

El uso de las tecnologías está afectando mucho a la salud mental de los adolescentes, algunos de ellos menos resilientes y más vulnerables a los peligros de internet.

El informe *Impacto del aumento del uso de Internet y las redes sociales en la salud mental de jóvenes y adolescentes* del ONTSI (Observatorio Nacional de Tecnología y Sociedad),[16] publicado en 2023, desvela que un 44,6 % de la población estudiantil siente que la interacción con internet y las redes sociales les resta tiempo de estudio. Además, un 12,9 % ha reducido su actividad deportiva, un 9,4 % pasa menos tiempo con sus amistades y un 26 % se siente más solo desde que utiliza dispositivos tecnológicos.

Por otro lado, un 11,3 % de jóvenes entre quince y veinticuatro años se hallan en una categoría de riesgo elevado de desarrollar un patrón de uso compulsivo de servicios digitales, porcentaje que aumenta al 33 % en la franja de edad entre doce y dieciséis años.

Las redes sociales están vendiendo un mundo idílico que muchas veces es inviable. Querer ser como ese *influencer* al que admiro y tener mucho dinero o conseguir algo irreal, que no va a llegar nunca, afecta. Por otro lado, tener que conseguir cierto número de seguidores y me gusta para sentirse integrado en el grupo también frustra.

Por último, recuerdo los riesgos que corren algunos adolescentes para conseguir esos me gusta: algo que no forma parte de sus valores o que es peligroso o está moralmente mal, pero lo hacen por sentirse parte del grupo y que también va a afectar a su salud mental.

Por todo esto, es de suma importancia acompañarlos en el uso de las nuevas tecnologías, controlar y supervisar y regular lo que está bien y mal.

8. IMPLICACIÓN SIGNIFICATIVA DE LOS PADRES EN LA VIDA

Es responsabilidad de los padres acompañar a sus hijos desde que nacen para guiarlos y convertirlos en adultos sanos que sepan gestionarse en la vida. Aquí entra un concepto muy importante: la autoestima, la valoración y percepción que tienen de sí mismos. El valor que se den les va a acompañar en sus decisiones a lo largo de la vida.

La autoestima desempeña un papel crucial en los menores de edad. Influye en la formación de sus relaciones sociales, en su bienestar emocional, en su toma de decisiones y confianza.

En este sentido, los padres debemos ser conscientes de cómo son nuestros hijos y de hasta dónde pueden llegar, no para ponerles límites innecesarios, sino para ajustar nuestras expectativas y no exigirles desde una visión poco realista. No sentirse capaces por algo que se les está exigiendo les hace sufrir mucho. La forma de trabajar esto es apoyándolos y valorándoles las cosas positivas que saben hacer y, sobre todo, no venderles una mentira. Nunca diré a un alumno que no será algo en un futuro, pero sí puedo hacerle consciente de lo que es capaz en ese momento.

Si nuestro hijo viene enfadado porque no le ha salido un buen partido de fútbol, hemos de decirle: «Cariño, no te ha salido bien este pase y el otro, pero esta jugada te ha salido bien. Para el próximo día puedes trabajar un poco más eso que no ha funcionado»; es decir, dar valor a sus fortalezas para que no les afecten las debilidades. La autoestima se alimenta desde el realismo queriéndoles como realmente son, con sus virtudes y limitaciones.

La autoestima desempeña un papel crucial en los menores de edad: influye en la formación de sus relaciones sociales, en su bienestar emocional y en su toma de decisiones y confianza. Los padres podemos hacer mucho por fomentarla.

En definitiva, los padres podemos hacer mucho por su autoestima sana. Aquí os resumo algunas claves:

- Enseñarles a manejar las críticas y los fracasos e interpretarlos como oportunidades.
- Transmitirles que nadie es perfecto.
- Festejar sus logros.
- Facilitar que tomen decisiones.
- Fijar metas.
- Ayudarles a aprender a hacer las cosas.
- Favorecer el autoconocimiento.
- Tener una comunicación abierta y un lenguaje positivo.
- Ser sinceros.
- Ser un ejemplo para ellos.

9. FOMENTO DE UNA RED SANA DE APOYO Y APOYO DE LOS PADRES EN LA PARTICIPACIÓN DE LOS HIJOS EN ACTIVIDADES SOCIALES

Animarlos a participar en actividades extraescolares y fomentar las amistades saludables son otras dos pautas que nos ayudarán en la educación de una autoestima sana en nuestros hijos.

La relación con los amigos es muy importante para todos, más aún en los adolescentes, que necesitan sentirse parte del grupo. En la adolescencia, y cada vez más pronto, con las relaciones sociales llegan a menudo las sentimentales y sexuales. Cada vez comienzan antes las relaciones de pareja y a veces surge alguna relación tóxica que les hace sufrir en vez de disfrutar.

Es necesario dejarles salir al mundo de sus amigos y sus primeras relaciones, forma parte de la vida, no podemos en-

cerrarlos en una burbuja, pero lo que sí podemos es enseñarles qué es una relación sana en el terreno de la amistad y de
la pareja. Un buen amigo no es el que hace sufrir. Una vez
más, una comunicación abierta y fluida, un buen ejemplo,
enseñar respeto y empatía y trabajar la autoestima serán los
grandes aliados de los padres.

En el código QR al final del libro podéis acceder a una
completa página web con guías para prevenir las relaciones
tóxicas.

**No podemos encerrar a nuestros hijos en una burbuja
para evitarles relaciones que les hagan daño, necesitan
salir al mundo y formar parte de la vida, pero sí
podemos enseñarles cómo son las relaciones sanas,
en la amistad y en el amor.**

En el apoyo a nuestros hijos, también es habitual que nos
encontremos el problema de los niños que maduran antes
que otros. Los que tardan más tienen una etapa que se quedan descolgados y están pensando solo en jugar cuando los
otros solo piensan en flirtear. Se sienten mal porque están
muy descolgados. Nuestra hija o hijo se desarrollará, pero no
podemos decirle que no pasa nada porque le afecta, nuestra
labor ahí es que se sienta apoyado, querido, comprendido.

Hoy día la adolescencia empieza mucho antes y termina mucho más tarde. Empiezan a hacer cosas para las que
no están suficientemente maduros. Niñas y niños de trece
o catorce años no están preparados para relaciones sexuales

o ver según qué cosas en internet. No están preparados, les equivoca, les hace tomar decisiones que no tocan y eso afecta a la salud mental.

Volviendo a la metáfora de la comida, no están preparados para decidir lo que es mejor para su salud, sino lo que más les gusta.

10. PEDIR AYUDA PROFESIONAL

Cuando sintamos que la educación que habíamos decidido impartir no está funcionando como esperábamos o nuestro hijo está atravesando problemas en los que no sabemos cómo acompañarle en su gestión, no dudemos en solicitar ayuda profesional. Como he explicado a lo largo del libro, el sentimiento de culpa que nos suele invadir a los padres. También podemos equivocarnos, recordad que no somos máquinas y menos aún perfectos. La educación requiere también de humildad para cumplir con nuestro deseo, que es dar a nuestros hijos lo que consideramos que es mejor para ellos. Como decía Joseph Joubert: «Enseñar es aprender dos veces».

¿Qué señales nos pueden hacer sospechar que nuestro hijo está teniendo algún problema?

• Muestra sentimientos de tristeza o desánimo.
• Apatía prolongada.
• Tiene muchos altibajos, irritabilidad, ira, llanto.

- Es habitual que viva en el enfado o se muestra violento.
- Es esquivo a la hora de hablar tanto en casa como en el colegio o instituto.
- Se aleja de los amigos y las actividades que le gustan.
- Cambia drásticamente sus hábitos alimentarios.
- Le cuesta concentrarse.
- Está muy estresado.
- Se vuelve muy perfeccionista, esforzándose de modo exagerado.
- Muestra preocupaciones o miedos excesivos.
- Sensación de vacío.
- Está muy cansado y con problemas de sueño.
- Muestra abuso o dependencia de sustancias o adicciones conductuales.

Al final, el objetivo a la hora de educar es que aprendan y sepan gestionarse en la vida siendo unas personas sanas y equilibradas.

Por eso, volviendo a la metáfora de la comida, es importante ir enseñándoles desde niños qué comer y qué no, y por qué. Poco a poco irán aprendiendo y al final harán el menú que consideran más saludable. Vitaminas, hidratos, dulces… los padres tenemos que estar marcando todas estas cosas para evitarles un problema físico. Lo mismo ocurre con la salud mental, tenemos que marcarles cómo gestionarse en la vida para evitarles un problema.

Apuntes clave

- Un informe elaborado por Unicef España y la Universidad de Sevilla destaca que el 41 % de los adolescentes españoles enfrenta problemas de salud mental. La pandemia agravó estos trastornos, entre los que destacan depresión, ansiedad, adicciones y trastornos alimentarios. El suicidio es la principal causa de muerte no accidental en jóvenes en España.

- La OMS define la salud mental como un estado de bienestar para afrontar el estrés, aprender, trabajar y contribuir a la comunidad. La resiliencia es clave para que los niños y adolescentes desarrollen habilidades y enfrenten dificultades.

- Entre los riesgos que pueden provocar problemas de salud mental están la falta de supervisión, conflictos familiares, excesiva autoexigencia y permisividad tecnológica. Al otro lado de la balanza, los factores de protección de la salud mental incluyen vínculos emocionales positivos, normas claras, comunicación abierta, disciplina positiva y herramientas para la resiliencia.

- Fomentar la comunicación familiar, establecer un diálogo abierto y crear confianza es esencial para que los niños se expresen y se sientan comprendidos y apoyados. También es muy importante conocerlos bien para que, cuando tengan un problema y no puedan expresarlo, sepamos escuchar lo que dice su silencio.

- El abuso de las nuevas tecnologías está relacionado con la soledad, la reducción de actividades físicas y sociales y problemas de salud mental. Es muy importante supervisar el uso de dispositivos electrónicos para minimizar los riesgos por su uso.
- La autoestima impacta en el bienestar emocional de nuestros hijos. Los padres podemos hacer mucho por una autoestima sana. Cuando sintamos que nuestro hijo está atravesando problemas en los que no sabemos cómo acompañarle, no dudemos en solicitar ayuda profesional. La educación requiere humildad y disposición para adaptarse a las necesidades de los hijos.

10 claves de la educación en 10 frases

1. Les educamos en Disney y la vida es *Walking Dead*.
2. Todo se educa, pero educar no es cambiar.
3. Hemos de educar al hijo que tenemos, no al que nos gustaría tener.
4. La mayor responsabilidad que tenemos en la vida es educar a nuestros hijos.
5. Son niños y tienen un gran disco duro todavía muy vacío dispuesto a grabarlo todo.
6. Un niño no es un adulto de tamaño pequeño y un adolescente no es un adulto de tamaño grande, piensan de un modo completamente diferente.
7. Comprende a los hijos para quererlos mejor.
8. Sin credibilidad, la educación no funciona.
9. Las madres y los padres somos personas, no máquinas.
10. Somos lo suficientemente capaces de saber qué es lo que está bien para nuestros hijos y lo que no está bien.

Epílogo

Esto no es un final, es un comienzo. No es un cierre, sino la apertura a una maravillosa ventana: la de la educación. Te invito a seguir el título de este libro: «Prepara a tu hijo para la vida, no a la vida para tu hijo».

Es una guía que nos recuerda nuestra responsabilidad como padres. Nuestros hijos nos necesitan a su lado para guiarlos, con apoyo, cariño, escucha atenta y consejos. Pero no para solucionarles los problemas, sobreprotegerlos o concederles todo, porque, si lo hacemos, estaremos alejándonos de lo que realmente queremos para ellos: su felicidad.

Como padre, educador y asesor, sé que a veces el camino con nuestras niñas, niños y adolescentes puede ser difícil. Pero también sé que, con disciplina y amor, todo se puede educar.

No seas su compañero, colega ni censor. Confía en ti como madre, como padre. Desde la humildad y la autocrítica, dando tu mejor versión, podrás sacar a la luz su mejor versión. Estoy seguro de que deseas lo mejor para tu hijo. Confía, puedes dárselo. Respétale y permítele ser él mismo. Dale alas, sin perder el rumbo, para que, cuando se equivoque en su camino o sienta miedo, sepa que estás ahí, como su lugar seguro. Este bello poema de poeta libanés Kahlil Gibran (1883-1931) me resulta muy inspirador. Tú eres el arco; tu hijo, las flechas. La tensión de la cuerda, ni demasiado floja ni excesivamente tirante, es la medida justa de la educación:

Tus hijos no son tus hijos,
son hijos e hijas de la vida,
deseosa de sí misma.
No vienen de ti,
sino a través de ti,
y aunque estén contigo,
no te pertenecen.
Puedes darles tu amor,
pero no tus pensamientos,
pues ellos tienen sus propios pensamientos.
Puedes abrigar sus cuerpos,
pero no sus almas,
porque ellos
viven en la casa del mañana,
que no puedes visitar,
ni siquiera en sueños.
Puedes esforzarte en ser como ellos,
pero no procures hacerlos semejantes a ti,
porque la vida no retrocede ni se detiene en el ayer.

Epílogo

Tú eres el arco del cual tus hijos,
como flechas vivas,
son lanzados.
Deja que la inclinación,
en tu mano de arquero,
sea para la felicidad.

Como iniciaba este texto, esto no es un cierre, sino una ventana. Si te apetece o tienes dudas, ahí nos seguimos viendo:

www.francasta.es
Instagram: @francasta1

Notas

1. Informe Mundial de la Felicidad en el mundo (2024). https://revistaoc.oncti.gob.ve/index.php/odc/article/view/658

2. *Temperamento, carácter y personalidad*, por Daniel Colombo, *coach*. https://www.danielcolombo.com/la-diferencia-entre-temperamento-caracter-y-personalidad-por-daniel-colombo/

3. Casi el 40 % de los padres y madres españoles se sienten culpables en la crianza de sus hijos. https://empresa.nestle.es/es/sala-de-prensa/actualidad-nestle/culpabilidad-crianza-hijos

4. *Cómo afrontar el sentimiento de culpa en la crianza.* https://bbkfamily.bbk.eus/como-afrontar-el-sentimiento-de-culpa-en-la-crianza/

5. *Mejorando la inteligencia emocional de los niños a través de sus progenitores: evaluación de necesidades y diseño de un programa de intervención.* https://www.revistaespacios.com/a23v44n07/a23v44n07p05.pdf

   Apoyo emocional de la familia y éxito escolar en los estudiantes de educación básica. https://estudiospsicologicos.com/index.php/rep/article/view/29

   I Estudio Nacional sobre la Educación Emocional en los colegios en España (2021). https://www.observatoriodelainfancia.es/ficherosoia/documentos/7470_d_I-Estudio-Educacion-Emocional-en-los-Colegios-en-Espana-2021.pdf

6. La encuesta de la Asociación Americana de Psicología demues-

tra que el estrés en los adolescentes es similar al de los adultos. https://www.apa.org/news/press/releases/2014/02/estres-adolescentes

7. *Quejarte reprograma tu cerebro hacia la negatividad.* https://es.weforum.org/stories/2016/10/quejarte-reprograma-tu-cerebro-hacia-la-negatividad/

8. *Un estudio apunta que ser agradecido ayuda a reducir el estrés y mejorar la salud cardiovascular.* https://www.heraldo.es/noticias/salud/2023/01/29/estudio-apunta-ser-agradecido-ayuda-reducir-estres-mejorar-salud-cardiovascular-1627669.html

9. *Niños en un mundo digital.* https://www.unicef.org/media/48611/file

El precio físico de vivir enganchados al móvil. https://elpais.com/tecnologia/2025-01-18/el-precio-fisico-de-vivir-enganchados-al-movil.html

10. *La educación encierra un tesoro.* https://unesdoc.unesco.org/ark:/48223/pf0000109590_spa

11. Cómo te manejas en el entorno digital. Esta prueba está basada en la que publicamos en el libro *A salvo en la red*, editado por Grijalbo, que realicé junto a Pedro García Aguado.

12. Estudio HBSC. https://www.hbsc.es/

13. Barómetro de Opinión de la Infancia y Adolescencia 2023-2024. https://www.unicef.es/publicacion/barometro-infancia-adolescencia/informe-2023-2024

14. *La salud mental de los adolescentes.* https://www.who.int/es/news-room/fact-sheets/detail/adolescent-mental-health

15. Observatorio del Suicidio en España 2022. https://www.fsme.es/observatorio-del-suicidio-2022-definitivo/

16. *Impacto del aumento del uso de Internet y las redes sociales en la salud mental de jóvenes y adolescentes.* https://www.ontsi.es/es/publicaciones/Impacto-del-uso-de-Internet-y-redes-sociales-salud-mental-jovenes-adolescentes

Enlaces de interés |

Vídeo de Alex Rovira: ¿Cooperar o competir?

Anuncio del padre «bailongo»

Vamos a hablar de pornografía:

Herramientas y servicios
de configuración de controles parentales:

Experimento con adolescentes en Facebook

Vídeo *El adivino de las redes sociales*

Guía para prevenir las relaciones tóxicas:

Su opinión es importante.
En futuras ediciones estaremos encantados
de recoger sus comentarios sobre este libro.

Por favor, háganoslos llegar a través de nuestra web:

www.plataformaeditorial.com

Para adquirir nuestros títulos,
consulte con su librero habitual.

«*I cannot live without books*».
«No puedo vivir sin libros».

THOMAS JEFFERSON

Desde 2013, Plataforma Editorial planta un árbol
por cada título publicado.

Dr. ÁLVARO BILBAO

autor de *El cerebro del niño explicado a los padres*

Prepárate para la vida

5ª edición

Plataforma Editorial

7 claves para orientar a jóvenes y adolescentes

Una guía esencial para todos los chicos y chicas que quieran comprender mejor cómo funciona su cerebro y para todos los padres y madres que necesiten encontrar las palabras, argumentos y herramientas para orientarlos a la hora de iniciar su camino en la vida adulta con más calma y seguridad.